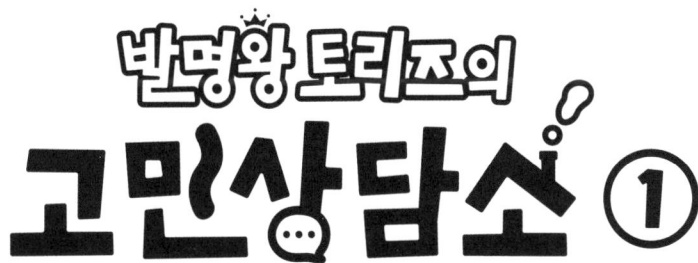

발명왕 토리즈의 고민상담소 1 – 발명여행의 시작
ⓒ신정호 2020

1판 1쇄 2020년 6월 10일

지은이	신정호
그림	박희진
구성	한윤희

펴낸곳	이트리즈
출판등록	2013년 5월 15일 제2013-000194호
임프린트	와우팩토리
제작처	두경 M&P

주소	서울시 강남구 도곡로 175 창림빌딩 301호
전화	02-6406-0213
홈페이지	www.etriz.com
이메일	help@etriz.com

ISBN	979-11-950500-9-3 77400
	979-11-950500-8-6 (세트)

와우팩토리는 이트리즈의 임프린트입니다.
"이 책의 저작권법에 따라 보호받는 저작물이므로 무단 전재와 무단 복제를 금지하며,
이 책 내용의 전부 또는 일부를 이용하려면 반드시 저작권자와 이트리즈의 서면 동의를 받아야 합니다."

사용연령 8세 이상
파본이나 잘못된 책은 구입하신 곳에서 바꿔드립니다.

「이 도서의 국립중앙도서관 출판예정도서목록(CIP)은 서지정보유통지원시스템 홈페이지(http://seoji.nl.go.kr)와
국가자료공동목록시스템(http://www.nl.go.kr/kolisnet)에서 이용하실 수 있습니다. (CIP제어번호 : CIP2020017624)」

www.etriz.com

발명왕 토리쯔의 고민상담소 ①
발명여행의 시작

지은이 **신정호**
그림 **박희진** | 구성 **한윤희**

들어가며

개정 교육과정(2015년 고시)에서 제시하는 교육의 핵심 목표는 '창의융합형 인재 양성' 입니다. 학습자가 일상생활에서 스스로 문제를 발견하고 해결하는 기초 능력을 기르고, 이를 새롭게 경험할 수 있는 상상력을 기르는 것입니다.

〈발명왕 토리즈의 고민상담소〉는 아이들이 주변에서 흔히 볼 수 있는 사물들에 담긴 공통된 발상의 원리를 발명의 비밀로 소개하고 있습니다. 재미있는 만화로 구성된 이야기를 통해 주인공의 고민을 함께 해결해 가면서 자연스럽게 문제 발견과 해결 능력을 스스로 키울 수 있게 됩니다.

이 책은 우리 아이들에게 창의성에 대한 자신감을 키워줍니다. 발명의 비밀을 따라하면 누구나 새로운 생각을 쉽게 떠올릴 수 있습니다. 상상하는 일을 마냥 어렵게만 생각했던 우리 아이도 재미있게 다양한 상상을 하고 남 앞에서 말할 수 있게 됩니다. 이를 통해 스스로를 창의적인 사람이라고 믿게 될 것입니다.

또한 이 책은 우리 아이들에게 문제 해결 습관을 길러줍니다. 오늘날 우리는 다양한 문제를 경험하면서 살아갑니다. 문제 해결에 가장 중요한 것은 다양한 대안을 제시할 수 있는 상상력입니다. 과거의 뛰어난 발명들을 분석해 도출된 발명의 비밀을 익히면서 문제 해결을 돕는 새로운 생각을 떠올리는 습관을 가질 수 있게 됩니다.

상상력이 넘치는 창의융합형 인재로 키우고자 한다면 발명왕 토리즈의 고민상담소를 방문해 주세요.

이 책의 좋은 점

💡 스스로 학습할 수 있습니다.

새로운 발상을 위한 트리즈*의 발명원리를 어린이의 눈높이에 맞는 만화로 보여주고 있습니다. 단계별로 다양한 활동을 통해 자신의 생각을 채워 나가다 보면 다른 사람의 도움 없이도 스스로 발명의 비밀을 익히고 적용할 수 있게 됩니다.

💡 새로운 관점으로 세상을 보게 됩니다.

초콜릿, 오렌지 주스, 주름 빨대, 가위 손잡이 등 우리 주변에서 쉽게 접할 수 있는 다양한 물건들에 담긴 발명의 비밀을 소개하고 있습니다. 무심코 지나치던 것들에 담긴 공통된 패턴을 익히면서 주변 사물들을 발명의 비밀 관점에서 새롭게 보게 됩니다.

💡 상상하는 일이 즐거워집니다.

아이들이 어려워하는 숙제 중 하나는 바로 발명숙제입니다. 정답만을 찾는 활동에 익숙해진 아이들일수록 세상에 없던 새로운 생각을 하는 것을 어려워합니다. 발명왕 토리즈가 제안하는 발명의 비밀들을 따라하면 누구나 즐겁게 새로운 상상을 할 수 있게 됩니다.

> **트리즈란?**
> 러시아의 천재적인 발명가
> 겐리히 알트슐러 박사가 개발한
> 창의적으로 문제를 해결하는 방법론입니다.

발명왕 토리즈의 고민상담소를 읽고

― 서울소의초 6학년 이재호

평상 시에 생활 속에서 불편한 점이 있어도 크게 생각하지 않고 지나쳤었다. 그런데 발명왕 토리즈 책을 우연히 접하게 되었는데 토리즈와 친구들이 어려운 일을 그냥 지나치지 않고 고민하는 모습을 보면서 나도 생활 속에서 불편했던 점을 해결할 수 있는 방법을 생각하게 되었다.

마치 처음부터 있었던 것처럼 당연하게 생각하고 일상생활에서 사용했던 물건들이 누군가의 깊은 고민의 과정과 도전을 통해서 만들어졌다는 사실은 나에게 신선한 충격이었다.

쪼개기 원리로 만들어진 우리 주변의 많은 사물들을 찾아보는 과정은 매우 즐거웠다. 친구들과 함께 일상 속 숨은그림 찾기 게임을 하는 것 같았다. 처음부터 쪼개기 원리로 뭔가를 발명해야한다면 당황스럽고 힘들었을텐데 친구들과 단계를 밟으면서 하니까 보드게임을 하는 것처럼 재미있었다.

우리는 주변의 모든 사물을 쪼갰는데 나는 학교에서 자주 사용하는 모둠 칠판의 보관과 활용이 불편했던 기억이 나서 칠판을 쪼갰다. 칠판을 쪼개는 아이디어는 실제로 제품으로 만들어지면 좋을 것 같기도 하고 학교에서도 잘 활용될 것 같아서 아이디어를 조금 더 구체화시켜서 학교에 제출했다.

선생님과 친구들이 편리했으면 하는 소박한 마음에서 제출했는데 교내발명품 경진대회에서 금상을 수상해서 매우 기쁘다.

이 책에 수록된 제 2화를 읽고 상상노트에 직접 그린 아이디어를 교내발명품 경진대회에 출품하여 금상을 받은 서울소의초 6학년 이재호 학생이 보내준 독후감입니다.

2020 교내발명품경진대회
발명품 작품 설명서

금상

작품명	함께 또 따로 칠판		참가영역	과학
구 분	성 명	소의초등 소속(학교)		6 직위(학년)
출품자	이재호	서울소의초등학교		

1. 제작동기

※ 모둠수업이 있는 날, 쓰는 모둠칠판은 크기가 크고 무거워서 준비도 보관도 쉽지 않다. 그리고 보드마카와 지우개 까지 챙길것도 많다. 그래서 수업 준비를 쉽게 하고 모둠 칠판 보관도 간할수 있는 방법을 고민하게 되었다.

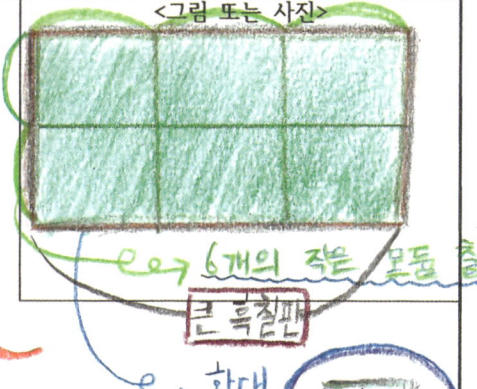

<그림 또는 사진>
← 6개의 작은 모둠 칠판
큰 흑칠판
→ 확대
자석

2. 작품요약(문제점과 개선점)

가.
※ 문제점: 화이트보드 모둠 칠판은 크기가 크고 무겁다. 또 별도의 보관 장소가 필요하다.

※ 개선점: 교실에 이미 있는 흑칠판을 퍼즐조각처럼 나누어, 모둠 수업때는 모둠 칠판으로 활용한다.
→ 별도의 보관장소 필요없다.

3. 작품내용(제작 방법 및 문제점 해결방법)

가.
※ 제작방법: 기존 칠판을 모둠칠판으로 분리할수 있는 크기로 분할해서 제작한다. 또 자석의 N극과 S극이 붙는 성질을 활용하여 칠판에 붙인다.

※ 문제점 해결방법: 평상시에는 강의용 칠판으로 붙여서 활용한다.

4. 제작결과(장점, 활용방법) ※ 모둠 수업때는 분리하여 조별로 나누어 활용한다.

장점: 모둠 칠판을 별도로 구매하지 않아도 됨. → 비용을 절약할수 있다.

활용방법: 기존 칠판에 붙여서 활용 → 별도의 보관 장소가 필요 없음. 수업 내용에 맞게 칠판하나로 모둠수업과 강의가 모두 가능함.

내가 좀 도와줬지~

발명대회 금상을 축하해요~

사용설명서

1 고민 있어요!

고민이 있는 친구를 만났어요. 과연 발명대원들은 친구의 고민을 해결해 줄 수 있을까요? 발명대원이 되어 친구의 이야기를 들어 주세요.

2 이렇게 해봐요!

쉿! 토리즈가 고민 해결을 도와줄 '발명의 비밀'을 소개하고 있어요. 발명의 비밀이 적용된 사례 이야기도 준비했다고 하니 귀 기울여 토리즈의 이야기를 들어 보세요.

3 고민 해결!

야호! 드디어 친구의 고민을 해결했어요. 발명의 비밀을 이용해 떠올린 상상이 친구에게 어떻게 도움이 되었는지 함께 살펴볼까요?

4 맞춰 보세요!

짜잔! 지금까지의 내용을 토리즈가 퀴즈로 준비해 왔어요. 스티커를 붙이면서 퀴즈도 풀고 발명의 비밀도 잘 정리해 보세요.

5 우리도 해봐요!

실력을 뽐내 볼까요? 발명의 비밀이 적용된 발명을 찾아 탐색 노트에 적어 보세요. 그리고 발명의 비밀을 이용해 나만의 멋진 상상을 상상 노트에 자유롭게 표현해 보세요.

탐색 노트   상상 노트

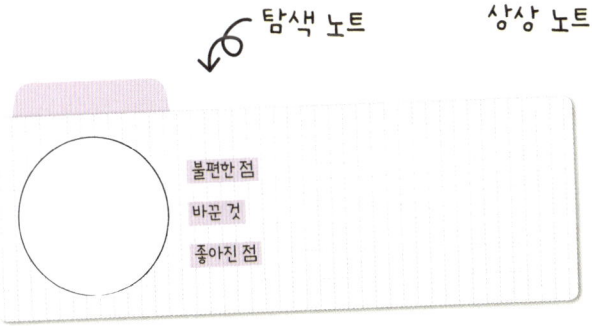

빈 칸을 친구의 상상력으로 채워 주세요.

목차

들어가며 · · · · · · · · · · · · · · · 4
이 책의 좋은 점 · · · · · · · · · 5
사용설명서 · · · · · · · · · · · · · 8

제1화 발명여행의 시작 · · · · · 13
- 발명대원들을 소개합니다 · · · · · · · · · · · · · · · · 22

제2화 첫 번째 고민을 만나다 · · · 25
- 발명의 비밀 : 쪼개기
  큰 것을 작게 쪼갠 초콜릿, 퍼즐 매트, 커터칼

제3화 준비물이 너무 많아! · · · · 53
- 발명의 비밀 : 뽑아내기
  꼭 필요한 것만 뽑아낸 오렌지주스, 콘택트렌즈, 티백

제 4 화 바쁘다 바빠! · · · · · · · 81
- 발명의 비밀 : 부분을 다르게 하기

부분을 다르게 바꾼 주름 빨대, 칫솔 손잡이, 투명창 봉투

제 5 화 바람이 씽씽 · · · · · · · 109
- 발명의 비밀 : 비대칭 만들기

대칭을 깨뜨린 가위 손잡이, 젓가락, 비대칭 우산

```
발명의 비밀이 가져온 변화 · · · · · ·  137
도와줄게! · · · · · · · · · · · · · · · 145
부록 스티커 · · · · · · · · · · · · · · 155
```

12

제 1 화

발명여행의 시작

유난히 날씨가 좋은 어느 날, 토리즈의 고민상담소.
토리즈가 애타게 손님을 기다리고 있어요.

앗, 토리즈의 고민상담소에 첫 손님이 찾아왔어요.
과연 누구일까요?

토리즈는 기쁜 마음으로 크게 인사했지만...
오늘도 첫 손님을 맞는 데에는 실패했네요.

토리즈는 홀로 책상에 앉아 지난 기억을 떠올리기 시작했어요.

 ## 지금으로부터 1년 전...

어려서부터 호기심이 많았던 나는 새로운 것을 상상하고 발명하기를 좋아했어.

내가 좋아하는 발명으로 사람들을 행복하게 만들어 주고 싶은 꿈도 생겼지.

에휴휴...

매일 발명들을 관찰하던 어느 날, 난 드디어 발명의 '비밀'을 찾아냈어!

발명의 비밀을 이용하면 사람들을 행복하게 만들어 줄 수 있을 거라는 확신이 생겼지.

그래서 사람들이 언제나 내게 도움을 구할 수 있도록 고민상담소를 차렸던 거야. 하지만…

토리즈는 정성껏 포스터를 만들어 붙였어요.

그랬더니...

와! 벌써 관심을 보이는 친구들이 나타났네요!

드디어 토리즈와 토토, 리리가 함께 발명여행을 떠나게 되었답니다.

앞으로 무슨 고민을 만나게 될까요?

발명대원들을 소개합니다

토리즈 고민상담소 주인

발명의 비밀을 발견한 장본인. 고민상담소에 손님이 찾아오지 않아 고민한다. 고민을 가진 사람들을 만나기 위해 발명여행을 떠나게 된다.

토토 발명대원

엉뚱한 상상을 떠올리는 걸 좋아한다. 더 많은 상상을 도와주는 발명의 비밀을 알게 되면서 새로운 발명에 도전하게 된다.

리리 발명대원

도움이 필요한 친구들을 보면 그냥 지나치지 않는 성격이다. 발명의 비밀을 이용해 멋진 상상들을 쉽게 떠올리게 된다.

안녕? 나는 개미야. 나도 이번 여행에 함께 할 거야.

제 2 화

첫 번째 고민을 만나다

발명의 비밀 : 쪼개기

종이마을은 우리가 매일 사용하는 종이를 만들어요.
종이를 만들기 위해 숲에서 베어낸 나무를 열심히 옮기고 있네요.
앗, 그런데 저기에 한숨을 쉬고 있는 친구가 보여요.
무슨 일이 있는 걸까요?

쪼개기

에휴우우.....

1
고민 있어요!

쪼개기

쪼개기

이런 건 어때요?

뺨!

제가 열심히 연습해서 손으로 종이를 정확하게 찢는 방법도 있어요.

쯔지이익!

헉!

엄청난데?!

나도 할 수 있는데-

모두 정말 재밌죠?

이제 더 많은 상상을 할 수 있는 발명의 비밀을 알려줄게요. 그건 바로...

다음 페이지로 GO, GO~

31

2
이렇게 해봐요!

고민 해결을 도와줄 발명의 비밀은 '쪼개기' 원리에요. 쪼개기는 큰 것을 작은 조각으로 쪼개 보라는 지혜에요. 당근을 여러 조각으로 쪼개면 필요한 만큼 아껴 먹을 수 있어요. 그리고 친구들과 사이 좋게 나누어 먹을 수도 있어요.

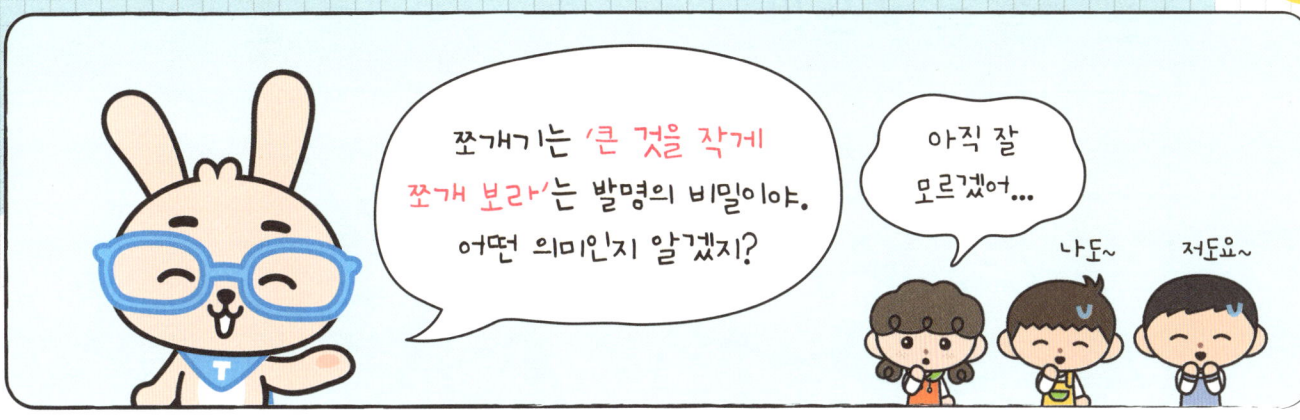

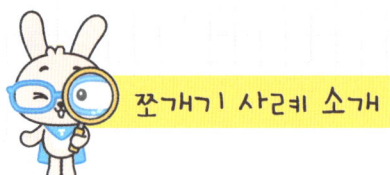
쪼개기 사례 소개

큰 것을 작게 쪼갠 ········ 초 콜 릿

　넓고 네모난 모양의 초콜릿에는 바둑판 모양처럼 가로 세로로 선들이 길게 그어져 있어요. 그 선을 가운데에 두고 양 손으로 잡은 뒤 꺾어 주면 초콜릿이 깔끔하게 부러져요.

　초콜릿은 너무 커서 한번에 다 먹기 어려워요. 이러한 고민을 해결하기 위해서 초콜릿에 선을 그어 작게 쪼갤 수 있도록 만들었어요. 선을 따라 부러뜨려 보세요. 필요한 만큼만 깔끔하게 잘라 먹을 수 있다니 정말 멋지죠?

　친구들은 여러 명인데 초콜릿이 하나밖에 없어도 걱정 말아요. 초콜릿에 그어진 선을 따라 부러뜨리면 작은 조각들로 쉽게 쪼갤 수 있어요. 달콤한 초콜릿은 그냥 먹어도 맛있지만 '콩 한쪽도 나누어 먹는다'는 옛말처럼 친구와 나누어 먹으면 더 즐겁게 먹을 수가 있어요.

쪼개기

큰 것을 작게 쪼갠 ········ 퍼 즐 매 트

퍼즐 매트는 작은 조각으로 쪼개어진 매트에요. 놀이방에서는 아이들이 넘어지더라도 다치지 않도록 바닥에 폭신한 매트를 깔아야 해요. 이때, 방의 크기에 꼭 맞는 매트를 구하기가 어렵다는 고민이 생겨요.

이런 고민을 해결해줄 수 있는 발명이 바로 퍼즐 매트에요. 퍼즐 매트는 매트를 퍼즐 조각처럼 작게 쪼갰어요. 퍼즐 매트를 퍼즐 조각 맞추듯이 작은 조각들을 필요한 만큼 이어 붙이면 원하는 크기의 매트를 만들 수 있어요. 그러면 큰 방에도 작은 방에도 모두 꼭 맞는 매트를 깔 수 있어요.

넓은 매트가 필요한 때에는 조립해서 사용하고, 사용하지 않을 때에는 조각들을 떼어내어 쉽게 옮겨 보관할 수 있어요.

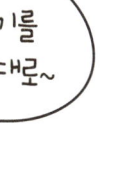

크기를 마음대로~

이제 알겠어!

아항!

3 고민 해결!

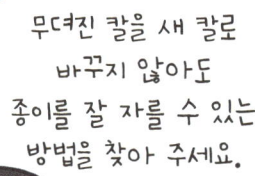
무뎌진 칼을 새 칼로 바꾸지 않아도 종이를 잘 자를 수 있는 방법을 찾아 주세요.

우리도 큰 것을 작게 쪼개 볼까요?

내가 해결해주지!

초콜릿과 퍼즐 매트처럼 칼에도 쪼개기 원리를 적용해 볼 수 있을까?

초콜릿 칼? 퍼즐 칼?
잉?
아하! 쪼갤 수 있는 칼을 만들면 어때?
쏙-!

칼에 금을 그어서 쪼개기 쉽게 만들면...
요렇게!

앗, 무뎌진 부분을 잘라낼 수 있겠네!
좋은 생각인걸?

쪼개기

↑ 부록의 스티커를 붙여 볼까요?

 고민 해결 정리

큰 것을 작게 쪼갠 ─────── 커터 칼

리리가 쪼개기 원리를 이용해서 쪼갤 수 있는 칼을 상상했어요. 칼날을 작은 조각들로 쪼갤 수 있게 만든다면 무뎌진 칼을 버리지 않아도 다시 새 칼처럼 사용할 수 있을 거예요.

커터칼은 리리가 제안한 아이디어처럼 칼날을 쪼갤 수 있도록 만든 발명이에요. 칼을 계속 사용하다 보면 칼날이 금방 무뎌져요. 무뎌진 칼로는 종이를 깔끔하게 자를 수가 없어요. 그래서 칼을 많이 버리게 돼요.

이런 고민을 해결하기 위해 **커터칼은 칼날에 선을 그어서 쪼갤 수 있도록 만들었어요.** 무뎌진 끝부분만 쪼개면 새 칼처럼 다시 날카로워져요. 이제는 칼이 무뎌져도 버리지 않고 더 오랫동안 사용할 수 있어요.

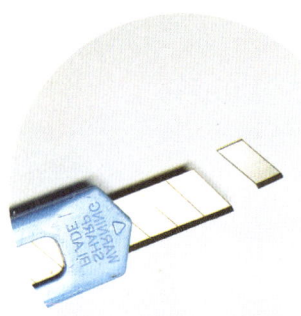

쪼개기

발명 이야기

초콜릿을 보고 떠올린 발명

오카다 요시오는 2차 세계대전 이후 일본의 인쇄 회사에서 일하고 있었어요. 당시 인쇄 회사의 직원들은 칼날을 이용해서 종이를 자르는 일을 했어요.

하지만 종이를 자르다 보면 칼날이 금방 닳아 버려서 무뎌지곤 했습니다. 그러면 더 이상 종이를 자르기 어렵기 때문에 요시오는 무뎌진 칼날을 보면서 금방 버리기엔 너무 아깝다고 생각했어요.

<u>'어떻게 하면 칼을 금방 버리지 않고 더 오래 사용할 수 있을까?'</u>

그러던 어느 날 요시오는 실수로 유리를 깨뜨렸어요. 날카롭게 깨진 유리조각은 마치 쪼개어 먹을 수 있는 초콜릿처럼 작은 조각으로 쪼개어진 것처럼 보였어요. 그렇게 유리조각과 초콜릿을 번갈아 보던 요시오에게 좋은 생각이 떠올랐어요.

<u>'내가 쓰는 칼날도 초콜릿처럼 쪼개어 사용해 보면 어떨까?'</u>

요시오는 초콜릿처럼 작은 조각들로 쪼갤 수 있는 칼날을 만들기 위해 많은 노력을 했어요. 오랜 노력 끝에 1956년, 드디어 오늘날의 '커터칼'이 탄생하게 되었습니다.

커터칼은 기다란 칼날에 금이 그어져 있어요. 힘을 주어 누르면 칼날을 부러뜨릴 수 있어요. 그래서 칼이 무뎌지면 더 이상 칼을 통째로 버릴 필요 없이 끝부분만을 쪼개어 버리고 새 칼처럼 쓸 수 있게 되었어요.

실제로 이렇게 발명이 되었구나!

4 맞춰 보세요!

부록의 스티커를 붙이면서 내용을 정리해 보아요!

큰 것을 작게 쪼개 보라는 원리는 무엇일까요?

이 원리를 표현하는 토리즈를 붙여 보세요.

뭐였더라?

쪼개기

사례 스티커를 붙여 보세요.

아까 설명한 쪼개기 원리의 사례들이야. 기억하고 있지?

불편한 점 너무 커서 한 번에 다 먹기 어렵다.
바꾼 것 초콜릿에 선을 그어 작게 쪼갰다.
좋아진 점 필요한 만큼만 먹을 수 있다.

당연하지~

불편한 점 방의 크기에 꼭 맞는 매트를 구하기 어렵다.
바꾼 것 매트를 퍼즐 조각처럼 작게 쪼갰다.
좋아진 점 작은 조각을 조립해서 원하는 크기의 매트를 만들 수 있다.

아하, 기억났어!

불편한 점 칼날이 금방 무뎌진다.
바꾼 것 칼날에 선을 그어 작게 쪼갰다.
좋아진 점 무뎌진 끝부분만 쪼개면 새 칼처럼 다시 날카로워진다.

5
우리도 해봐요!

쪼개기 미션 1 :: **탐색**하기

쪼개기

반반 피자

불편한 점 피자의 맛을 한 가지만 고르기 어렵다.

바꾼 것 피자를 반으로 쪼개 두 가지 맛을 담았다.

좋아진 점 두 가지 맛을 한 번에 즐길 수 있다.

사진 출처 : 피자 알볼로

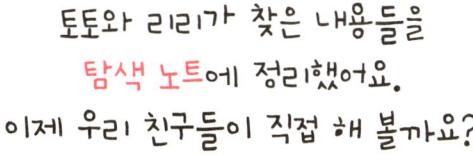

43

⭐ 탐색 노트 ⭐

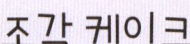
조각 케이크

탐색 노트를 완성해 보세요.

불편한 점 케이크가 너무 커서 다 먹기 힘들다.

바꾼 것

좋아진 점

📖 사진 출처 : pixabay.com/images/id-4111081

방학 생활계획표

야호! 즐거운 방학~

불편한 점 집에서 보내는 방학에는 규칙적인 생활을 하기 어렵다.

바꾼 것

좋아진 점

44

도와줘! 146쪽

쪼개기

⭐ 탐색 노트 ⭐

찾은 대상의 이름을 적어 주세요.

이제는 혼자서 찾아볼 차례에요. 쪼개기가 적용된 대상을 찾아 정리해 보세요.

- 불편한 점
- 바꾼 것
- 좋아진 점

찾은 대상을 그림으로 그려 주세요.

또 어떤 것들이 있을까?

- 불편한 점
- 바꾼 것
- 좋아진 점

주위를 잘 둘러봐! 너라면 할 수 있어~

45

쪼개기 미션 2 :: 상상하기

자, 이번에는 발명의 비밀을 이용해서 **새로운 상상**을 해 볼 거에요. 동그라미 안에 생각나는 것들을 적어 볼까요?

< 여러 사람이 함께 사용하는 것들 >

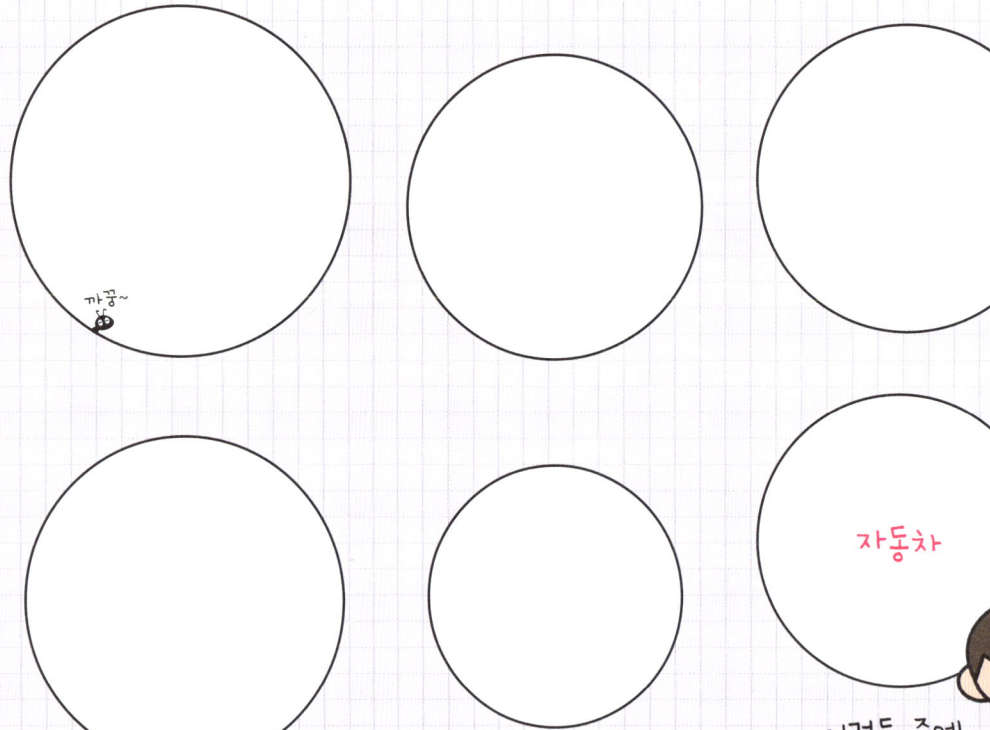

쪼개기

⭐ **상상 노트** ⭐ 이름: 토토

그래, 결심했어! 자동차를 바꿔 볼 거야.

바꿀 대상	발명의 비밀
자동차	쪼개기

자신만의 상상을 그림으로 표현합니다.

자동차 조각들을 키우면

더 크게 변신!

나도 커지고 싶다!

① 친구들에게 소개한 후 의견을 받아 적으세요.

좋아진 점	친구들의 의견
작은 조각들을 붙이면 원하는 크기의 차를 만들 수 있다.	아주 길게 만들면 반 친구들도 모두 탈 수 있겠어요.

정말 멋진걸~

② 상상 그림을 공유해 보세요!

앞에서 적은 것들 중에 무엇을 바꿔 볼래요?

 상상 노트   이름 : _____

바꿀 대상	발명의 비밀
개미는 어때?!	자신만의 상상을 그림으로 표현합니다.  너 정말 잘 그린다!
좋아진 점	친구들의 의견

상상해 보자~

도와줘! 147쪽

⭐ 상상 노트 ⭐   이름 : _____

아무거나 상상해 보자.

쪼개기

| 바꿀 대상 | 발명의 비밀 |

자신만의 상상을 그림으로 표현합니다.

| 좋아진 점 | 친구들의 의견 |

기발한데?! QR코드로 공유해 볼까?

49

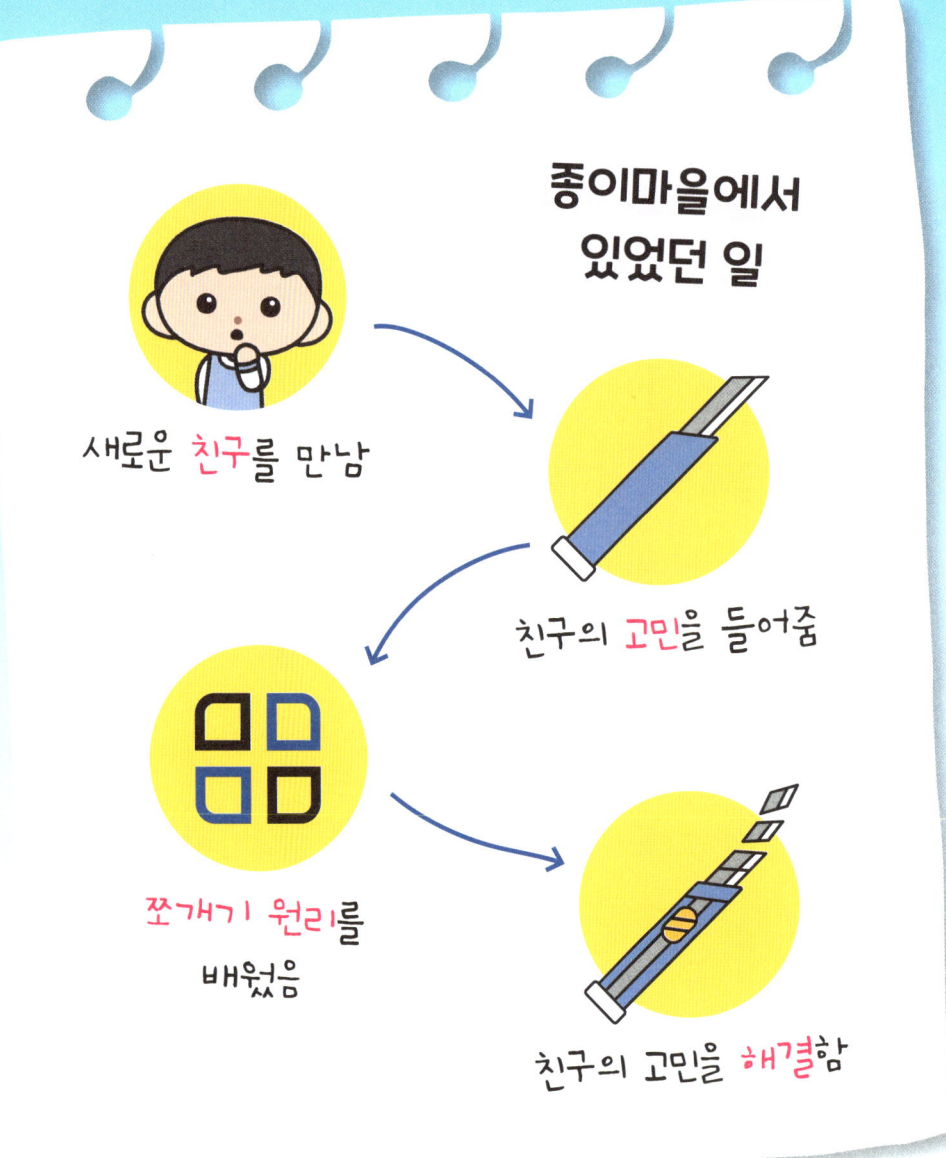

쪼개기

칼날이 자꾸 무뎌져서 힘들어했던 친구의 고민을
쪼개기 원리로 멋지게 해결했어요.
자, 이제 다음 고민을 만나러 떠나 볼까요?

QR코드를 스캔하면 오늘 배운 내용을 복습할 수 있어요.

제 3 화

준비물이 너무 많아!

발명의 비밀 : 뽑아내기

찻잎마을에는 차를 무척 좋아하는 사람들이 모여 살아요.
차 나무를 계속 심고 가꾼 덕분에 아주 넓은 차 밭이 만들어졌지요.
차 밭을 지나오니 한 친구가 무언가를 하고 있어요.
가까이 가서 살펴볼까요?

뽑아내기

흐으음.....

1
고민 있어요!

뽑아내기

2
이렇게 해봐요!

고민 해결을 도와줄 발명의 비밀은 '뽑아내기' 원리에요. 뽑아내기는 꼭 필요한 것만을 뽑아내 보라는 지혜에요. 당근의 주황색 부분만을 뽑아 내어 다듬어 두면 필요할 때마다 맛있는 요리를 바로 만들 수 있겠죠?

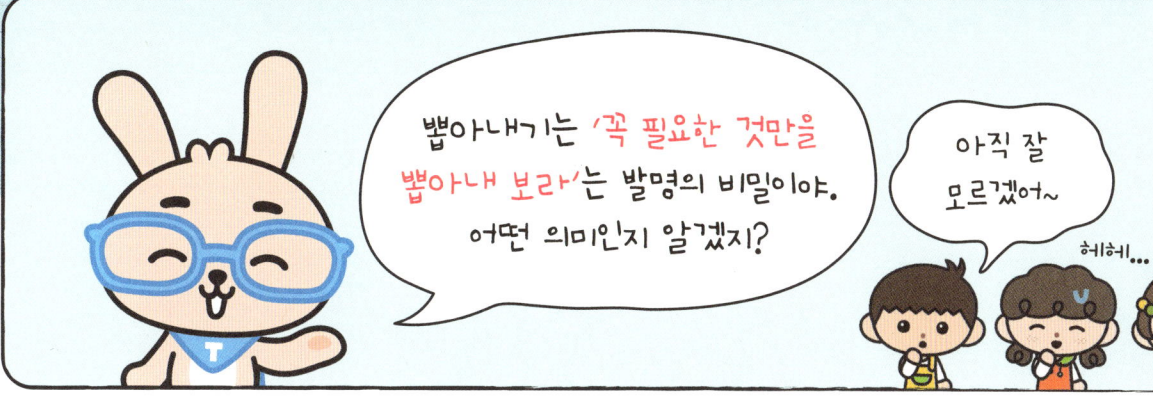

뽑아내기 사례 소개

꼭 필요한 것만 뽑아낸 ········ 오 렌 지 주 스

한 방울만 마시고 싶다~

　　오렌지주스는 오렌지 속에 들어 있는 새콤달콤한 과즙만을 뽑아내어 마실 수 있도록 만들었어요. 아주 더운 날 오렌지주스를 냉장고에 담아 두었다가 꺼내 마시면 더위가 금방 날아가버릴 거에요.

　　오렌지 껍질은 매우 두껍고 단단해서 벗겨 먹기 힘들어요. 칼을 사용해야 하기 때문에 어른의 도움이 필요해요. 또 오렌지 껍질을 벗길 때에는 끈적끈적한 액체가 나와서 손이 지저분해져요. 이런 문제를 해결하기 위해 오렌지주스는 오렌지의 과즙만을 뽑아냈어요.

　　과즙만을 뽑아낸 오렌지주스는 언제 어디서나 간편하게 마실 수 있어요. 그리고 과일이었을 때보다 오랫동안 보관하고 쉽게 운반할 수 있어요.

마실 수 있는 오렌지라네~

맛있겠다~

뽑아내기

꼭 필요한 것만 뽑아낸 ─── 콘택트렌즈

우리의 시력에 문제가 있을 때에는 안경을 쓰면 잘 볼 수 있게 돼요. 안경의 렌즈가 더 잘 볼 수 있도록 도와주기 때문이에요. 하지만 안경은 크고 무거워서 불편해요.

이러한 불편함을 줄이기 위해 탄생한 발명이 바로 콘택트렌즈에요. 콘택트렌즈는 안경에서 꼭 필요한 부분인 렌즈만을 뽑아내어 눈에 낄 수 있는 작은 크기로 만들었어요. 안경보다 가볍고 간편하게 착용할 수 있기 때문에 거친 운동을 할 때도 편리하고 코 옆에 안경 자국도 생기지 않아요.

콘택트렌즈의 아이디어를 가장 먼저 떠올린 사람은 레오나르도 다빈치에요. 그의 새로운 상상 덕분에 1888년 세계 최초로 콘택트렌즈가 탄생했어요.

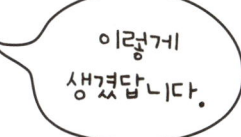

이렇게 생겼답니다.

이제 알겠어~

아항!

개미는 이런거 안 써도 돼~

3 고민 해결!

많은 도구들을 챙기지 않아도 차를 우려 마실 수 있는 방법을 찾아 주세요.

우리도 꼭 필요한 것만을 뽑아내 볼까요?

오렌지주스와 콘택트렌즈처럼 차를 우려 마실 때도 뽑아내기 원리를 적용해 볼 수 있을까?

차를 우릴 때 중요한게 뭐지...?
흐음...
아하! 꼭 필요한 찻잎만 뽑아내 보면 어때?
슉-!

찻잎을 조금만 덜어내어 거름망에 담으면...
요렇게!

와, 간편하게 마실 수 있겠네?
멋진 생각이야~

뽑아내기

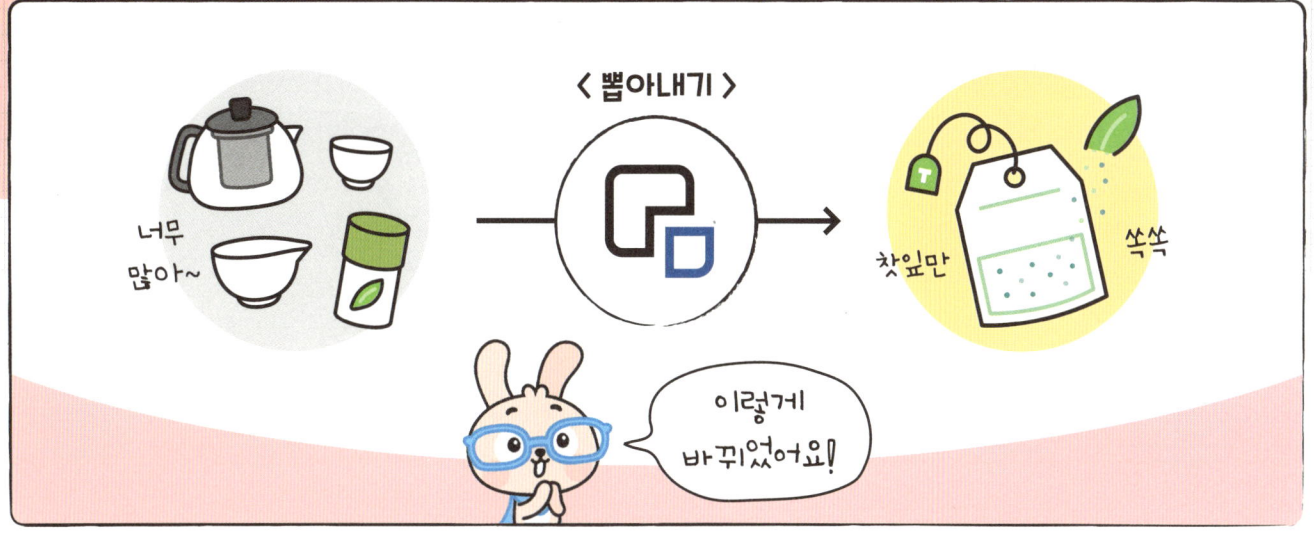

 고민 해결 정리

꼭 필요한 것만 뽑아낸 ······ 티 백

토토가 뽑아내기 발명원리를 이용해서 찻잎을 담은 주머니를 상상했어요. 꼭 필요한 찻잎만을 뽑아내어 담는다면 다른 도구들이 없어도 뜨거운 물만 부어서 차를 우려 마실 수 있을 거에요.

티백은 토토가 떠올린 아이디어처럼 차를 우리는데 꼭 필요한 찻잎만을 뽑아낸 발명이에요. 티백이 발명되기 전에는 차를 한 번 우려 마실 때에도 정말 많은 도구를 챙겨야만 했어요. 주전자, 뜨거운 물을 식히는 그릇, 찻잔, 찻잎이 담겨 있는 통, 거름망 등 많은 것들을 챙기려면 너무 힘들어요.

<u>티백은 차를 한 번 우려 마시기에 적당한 양의 찻잎을 주머니에 덜어 담았어요.</u>

찻잔에 티백을 그대로 담고 뜨거운 물을 부어 주면 바로 차를 우릴 수 있어요. 그래서 다른 도구들을 챙기지 않아도 뜨거운 물만 있으면 편리하게 차를 마실 수 있어요.

정말정말 편리하지요~

짜잔-

발명 이야기

낭비를 줄인 발명

미국 밀워키 지방의 로버타 로손(Roberta Lawson)과 메리 맥클라렌(Mary Mclaren)은 매일 차를 우려 마시곤 했어요. 당시에는 주전자에 물과 찻잎을 넉넉히 담아 차를 끓였어요.

한 잔의 차를 마시기 위해서는 많은 도구들을 챙겨야 했어요. 그리고 주전자에 가득 차를 우렸기 때문에 남아서 버려지는 차가 많았어요.

"차 한잔을 마시기 위해서 많은 도구들을 챙기는 게 귀찮아."

"맞아, 그리고 많은 양의 차를 버리는 것도 아까워. 차라리 개인의 컵에 우려 마실 수 있게 해보는 건 어떨까?"

그녀들은 거즈*를 꿰매어 주머니를 만들고 그 안에 찻잎을 적당히 덜어 담았어요. 찻잎을 담은 거즈 주머니를 컵에 걸치고 컵 안에 뜨거운 물을 천천히 따랐어요.

오래 지나지 않아 은은한 향기가 방안 가득 퍼지기 시작했어요. 그녀들은 거즈 주머니에 찻잎을 컵에 걸어 준다는 뜻에서 '찻잎홀더'라는 이름을 지어 주었어요. 찻잎홀더 덕분에 다른 도구들을 챙기지 않아도 맛 좋은 차를 우릴 수 있게 되었어요.

* 거즈 : 촘촘한 구멍이 잔뜩 나 있는 얇은 천이에요. 작은 구멍 사이로 찻잎이 빠져 나오지 않기 때문에 찻잎을 건져낼 때 사용하는 거름망의 역할을 해줘요.

4 맞춰 보세요!

부록의 스티커를 붙이면서  내용을 정리해 보아요!

꼭 필요한 것만
뽑아내 보라는 원리는
무엇일까요?

이 원리를 표현하는
토리즈를 붙여 보세요.

스티커가
내 집만하네

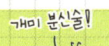
개미 분신술!

뽑아내기

아까 설명한 **뽑아내기** 원리의 사례들이야. 기억하고 있지?

사례 스티커를 붙여 보세요.

불편한 점 오렌지 껍질을 벗겨 먹기 힘들다.
바꾼 것 오렌지의 과즙만을 뽑아냈다.
좋아진 점 컵에 따라 간편하게 마실 수 있다.

당연하지~

불편한 점 안경을 쓰면 무겁고 불편하다.
바꾼 것 안경의 렌즈만을 뽑아냈다.
좋아진 점 작고 가벼워 눈에 간편하게 착용할 수 있다.

아하, 기억났어!

불편한 점 차를 우릴 때 너무 많은 도구를 챙겨야 한다.
바꾼 것 꼭 필요한 찻잎만을 뽑아냈다.
좋아진 점 차를 간편하게 마실 수 있다.

69

5
우리도 해봐요!

뽑아내기 미션 1 :: 탐색하기

뽑아내기

정말 잘 찾았어-

자, 찾은 사례를 **탐색 노트**에 정리해 볼-

...아, 이번에도 벌써 정리하고 있네.

토리즈가 또 늦었네~

히히~

순살치킨

이게 바로 **탐색 노트**예요.

잔인한 인간들...

불편한 점 뼈가 많아서 살을 발라 먹기 귀찮다.

바꾼 것 꼭 필요한 순살만을 뽑아냈다.

좋아진 점 순살만 간편하게 먹을 수 있다.

쨘~~~!!!

토토와 리리가 찾은 내용들을 **탐색 노트**에 정리했어요.
이제 우리 친구들이 직접 해 볼까요?

다음 페이지로 GO, GO!

★ 탐색 노트 ★

영양제

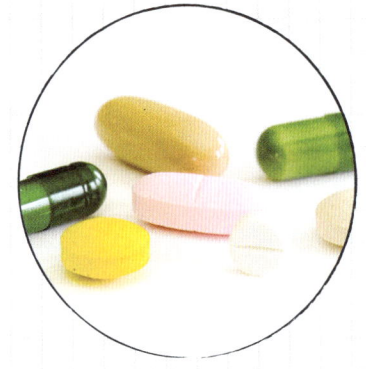

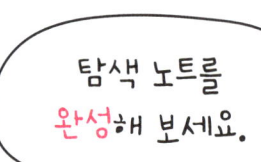
탐색 노트를 완성해 보세요.

불편한 점 영양소를 골고루 섭취하기 어렵다.

바꾼 것

좋아진 점

사진 출처 : pixabay.com/images/id-3024955

무선 이어폰

선이 없는 이어폰이야.

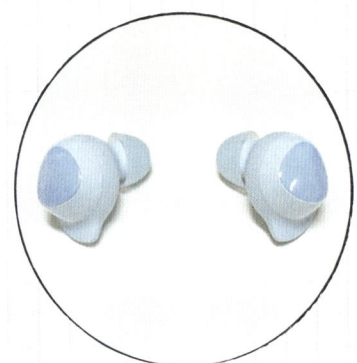

불편한 점 이어폰의 선이 자주 꼬이고 걸려서 불편하다.

바꾼 것

좋아진 점

★ 탐색 노트 ★

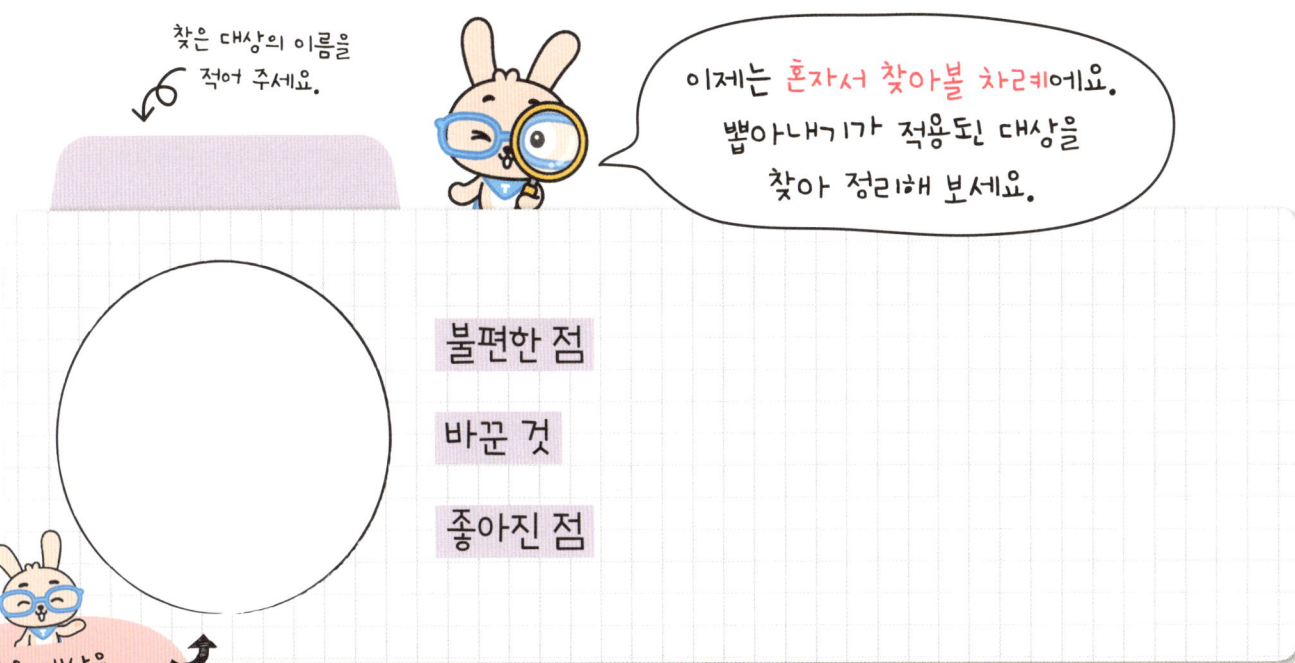

찾은 대상의 이름을 적어 주세요.

이제는 혼자서 찾아볼 차례에요. 뽑아내기가 적용된 대상을 찾아 정리해 보세요.

- 불편한 점
- 바꾼 것
- 좋아진 점

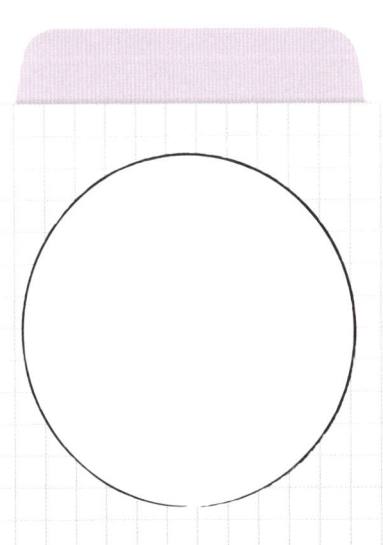

찾은 대상을 그림으로 그려 보세요.

또 어떤 것들이 있을까?

- 불편한 점
- 바꾼 것
- 좋아진 점

주위을 잘 둘러봐. 너라면 할 수 있어~ 물론 개미도 할 수 있다~

뽑아내기 미션 2 :: 상상하기

자, 이번에는 발명의 비밀을 이용해서 **새로운 상상**을 해 볼 거에요.

동그라미 안에 생각나는 것들을 적어 볼까요?

〈 우리 집에 있는 것들 〉

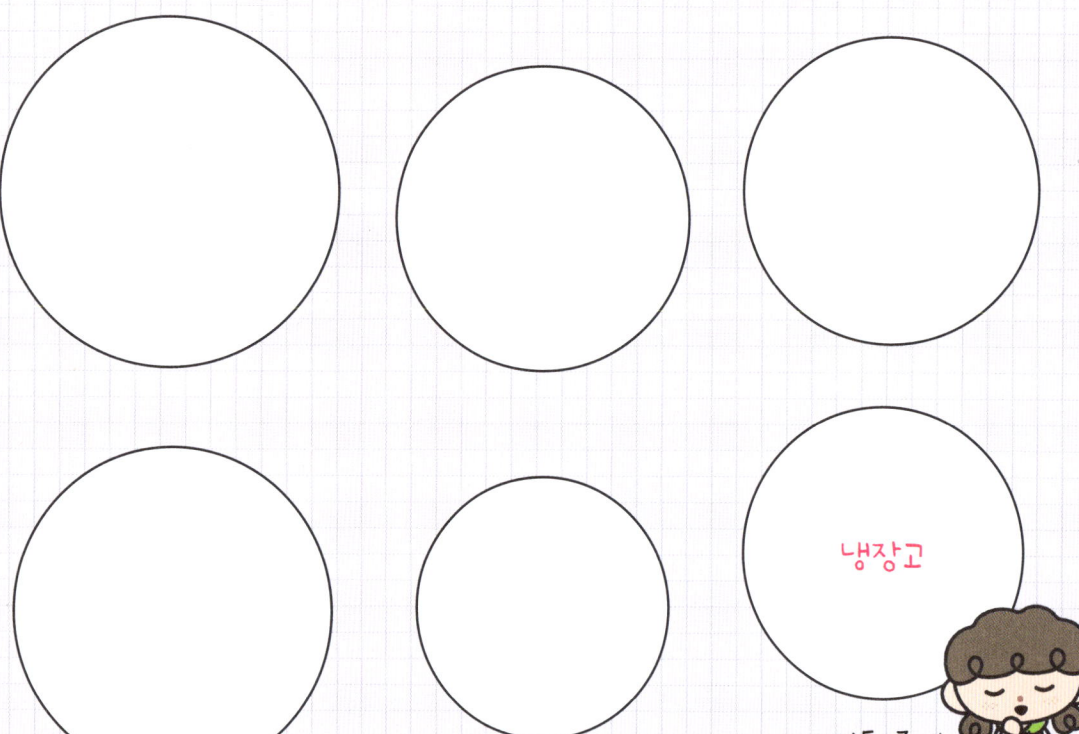

냉장고

이것들 중에 무엇을 바꿔 볼까?

나는 냉장고를 바꿔 볼래.

 상상 노트

이름: _____리리_____

뽑아내기

바꿀 대상	발명의 비밀
냉장고	뽑아내기

자신만의 상상을 그림으로 표현합니다.

좋아진 점	친구들의 의견
빨리 먹어야 하는 음식만 뽑아 잘 보이는 곳으로 옮겨준다.	음식이 상하기 전에 먹을 수 있겠네요.

❶ 친구들에게 소개한 후 의견을 받아 적으세요.

❷ 상상 그림을 공유해 보세요!

갖고 싶어~

149쪽

앞에서 적은 것들 중에 무엇을 바꿔 볼래요?

★ 상상 노트 ★

이름 : _____

바꿀 대상	발명의 비밀

자신만의 상상을 그림으로 표현합니다.

너 정말 잘 그린다!

좋아진 점	친구들의 의견

상상해 보자~

도와줘! 149쪽

뽑아내기

⭐ 상상 노트 ⭐

이름 : _____

아무거나 상상해 보자.

바꿀 대상	발명의 비밀

자신만의 상상을 그림으로 표현합니다.

좋아진 점	친구들의 의견

기발한데?

QR코드로 공유해 볼까?

날 공유해 보라구~후훗

77

뽑아내기

챙길 도구가 너무 많아 힘들어했던 친구의 고민을
뽑아내기 원리로 멋지게 해결했어요.
다음 마을에서는 어떤 고민이 기다리고 있을까요?

QR코드를 스캔하면
오늘 배운 내용을
복습할 수 있어요.

80

제 4 화

바쁘다 바빠!

발명의 비밀 : 부분을 다르게 하기

회사마을에는 회사가 모여 있어요.
모두들 일을 하러 가서 거리에 사람들이 보이지 않아요.
그런데 저기 한 친구가 양팔 가득 무언가를 안고 있네요.
무슨 일이 있는 걸까요?

부분을 다르게 하기

에휴우우....

1
고민 있어요!

부분을 다르게 하기

앗, 그럼 저도-

뺨!

주소를 자동으로 적어주는 기계를 만드는 건 어때요?!

위이잉~

!!!

엄청 빠르겠는걸?!

와, 멋진 아이디어네요~

이번에도 더 많은 상상을 할 수 있는 발명의 비밀을 알려줄게요. 그건 바로...

다음 페이지로 GO, GO!

2
이렇게 해봐요!

고민 해결을 도와줄 발명의 비밀은 '부분을 다르게 하기' 원리에요. 부분을 다르게 하기는 똑같을 필요 없이 부분을 다르게 바꿔 보라는 지혜에요. 귀만 분홍색으로 물들이니까 친구들이 멀리서도 저를 한눈에 알아보네요!

부분을 다르게 하기

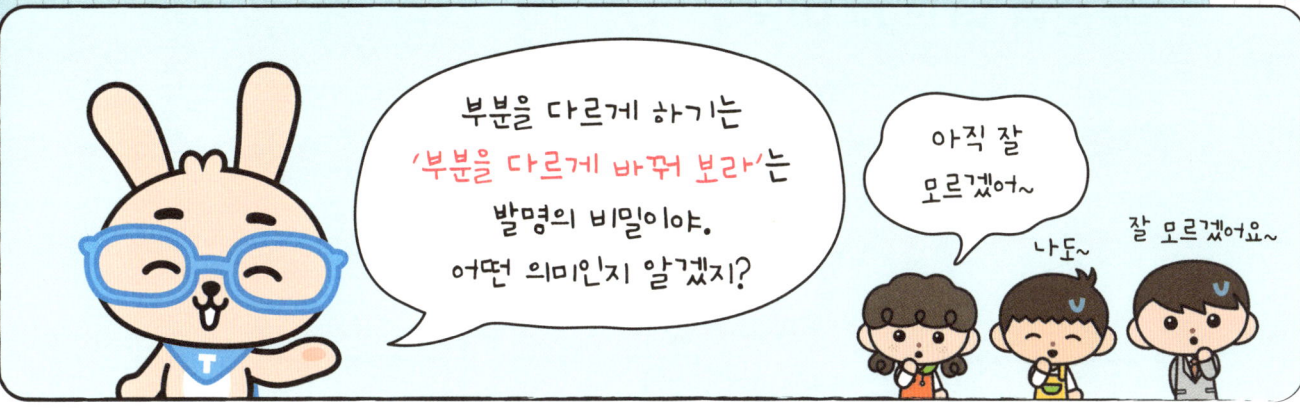

89

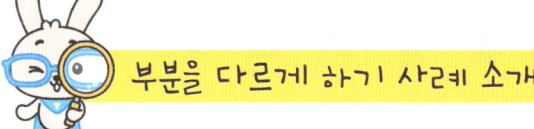 부분을 다르게 하기 사례 소개

부분을 다르게 바꾼 ------- 주름 빨대

주름 빨대의 목 부분에는 물결 모양의 주름이 있어요. 주름 빨대를 잡고 끝 부분을 아래로 살짝 당기면 빨대를 구부려서 사용할 수 있어요.

주름 빨대가 발명되기 전에는 아이들이 빨대를 사용하기 어려워했어요. 왜냐하면 빨대가 막대기처럼 곧게 뻗어 있어서 입에 닿지 않았기 때문이었어요. 아이들은 빨대가 꽂혀 있는 컵을 양손으로 잡아 앞으로 기울여서 음료를 마셔야 했어요.

미국의 조셉 프리드만(Joseph B. Friedman)은 자신의 어린 딸이 빨대로 음료를 힘겹게 마시는 모습을 보고 빨대를 새롭게 바꾸어 보기로 결심했어요. <u>그는 빨대의 목에 주름을 만들어 부분을 다르게 바꾸었어요.</u> 주름 덕분에 빨대를 구부릴 수 있어서 컵을 기울이지 않아도 음료를 쉽게 마실 수 있어요. 병원에 있는 환자들도 주름빨대 덕분에 누워서도 물을 편하게 마실 수 있어요.

구부러지지롱

그렇구나~

내 더듬이도 구부러졌다

부분을 다르게 바꾼 칫솔 손잡이

칫솔 손잡이의 일부분에는 고무가 붙어 있어요. 끈끈하고 말랑말랑한 고무 덕분에 칫솔이 손에서 미끄러지지 않아요.

칫솔 손잡이는 원래 단단한 플라스틱으로만 되어 있었어요. 손잡이에 물이 묻으면 미끄러워서 잡기가 힘들어요. 손잡이를 놓치지 않으려고 세게 쥐면 플라스틱이 딱딱하기 때문에 손이 아파요.

이러한 문제를 해결하기 위해 칫솔 손잡이에 고무를 붙여 부분을 다르게 만들었어요. 고무는 끈끈하기 때문에 물이 묻어도 미끄러지지 않아요. 그래서 칫솔을 놓치지 않고 잘 잡을 수 있어요. 게다가 고무가 말랑말랑하기 때문에 세게 쥐어도 손이 아프지 않아요.

미끄러지지 않는다네~

이제 알겠어.

아항!

3 고민 해결!

우리도 부분을 다르게 바꿔 볼까요?

부분을 다르게 하기

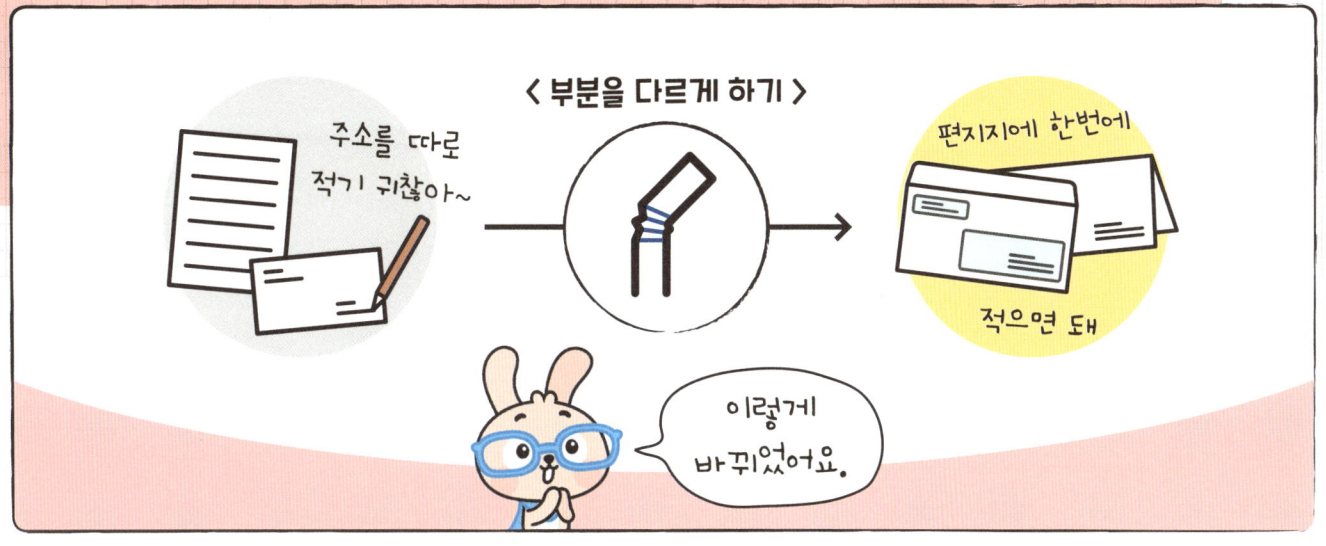

리리가 속이 보이는 편지 봉투를 만들어 친구에게 주었어요. 친구가 봉투에 편지를 접어 넣으면서 말했어요.

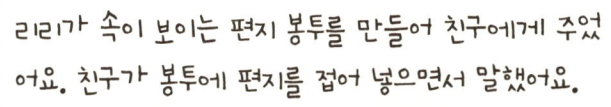

이제는 편지 봉투에 주소를 따로 적을 필요가 없겠네요~

편지지에 적은 주소가 창문으로 그대로 보여!

고민 해결!

빠밤!

발명의 비밀이 담긴 **부분을 다르게 하기 카드**를 획득했어요!

↑ 부록의 스티커를 붙여 볼까요?

93

고민 해결 정리

부분을 다르게 바꾼 ······ 투 명 창 봉 투

리리가 부분을 다르게 하기 발명원리를 이용해서 일부분이 다른 편지 봉투를 상상했어요. 봉투의 일부분에 투명한 창을 만든다면 편지지에 적은 주소가 봉투 밖에서도 보일 거에요.

투명창 봉투는 리리가 제안한 아이디어처럼 편지 봉투의 일부분에 투명한 창을 뚫은 발명이에요. 투명창 봉투가 발명되기 전에는 편지지에는 내용을 적고, 봉투에는 주소를 따로 적었어요. 또 편지지를 맞는 봉투에 일일이 담아야 하기 때문에 그만큼 시간이 오래 걸렸어요.

투명창 봉투는 편지 봉투에 구멍을 뚫어 봉투의 일부분을 다르게 바꾸었어요. 편지지에 내용과 주소를 한번에 적고 잘 접어서 봉투에 담으면 봉투의 창을 통해 주소만 들여다 볼 수 있어요. 봉투에 주소를 따로 적지 않아도 되고, 편지지를 담을 맞는 봉투를 찾을 필요도 없기 때문에 많은 시간을 아낄 수 있어요.

내용물이 보인답니다~

짜잔~

발명 이야기

부분을 다르게 하기

시간을 줄여주는 편지 봉투

투명창 봉투를 만든 칼라 한(Americus F. Callahan)은 미국의 회사를 다니는 평범한 회사원이었어요. 그는 우연히 자신의 동료가 일하는 모습을 보게 되었어요. 그녀는 편지지에 편지의 내용을 적었어요. 그 다음에는 봉투에 주소를 따로 적었어요.

'편지지에 내용을 적고 다시 편지 봉투에도 주소를 따로 적고 있어. 봉투에 따로 주소를 적을 수고를 덜 수 있다면 많은 시간을 아낄 수 있을 텐데.'

'어떻게 하면 봉투에 따로 주소를 적지 않아도 편지를 보낼 수 있을까?'

며칠 뒤, 칼라한은 손수건을 사기 위해 상점에 들렀어요. 상점의 주인은 칼라한이 고른 손수건을 상자 더미에서 금방 찾아냈어요. 왜냐하면 손수건 상자의 일부분이 투명한 셀로판지로 되어 있어서 손수건의 일부를 바로 볼 수가 있었기 때문이었죠.

'편지 봉투도 손수건 상자처럼 안이 들여다 보이도록 만들어 볼 수 있을까?'

칼라한은 편지봉투의 주소를 적는 부분을 네모나게 잘라내고 투명한 셀로판지를 붙였어요. 주소를 적은 편지지를 봉투에 넣으니 투명한 창을 통해 편지지에 적힌 주소가 그대로 보였어요.

칼라한의 투명창 봉투는 봉투에 주소를 따로 적어야 하는 시간을 줄여 주었어요. 그래서 오늘날에도 많은 고객들에게 편지를 보내는 공공기관이나 회사에서 주로 사용하고 있어요.

실제로 이렇게 발명이 되었구나!

4 맞춰 보세요!

부록의 *스티커*를 붙이면서  내용을 정리해 보아요!

이 원리를 표현하는 토리즈를 붙여 보세요.

부분을 다르게 바꿔 보라는 원리는 무엇일까요?

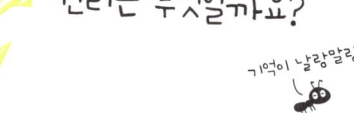

부분을 다르게 하기

사례 스티커를 붙여 보세요.

아까 설명한 **부분을 다르게 하기** 원리의 사례들이야. 기억하고 있지?

불편한 점 곧은 빨대의 끝이 입에 닿지 않는다.
바꾼 것 빨대에 주름을 만들어 부분을 다르게 바꾸었다.
좋아진 점 컵을 기울이지 않아도 음료를 마실 수 있다.

당연하지~

혼자 있고 싶어... 나 좀 숨겨줘~

불편한 점 플라스틱은 물이 묻으면 미끄러진다.
바꾼 것 칫솔 손잡이에 고무를 붙여 부분을 다르게 바꾸었다.
좋아진 점 물이 묻어도 미끄러지지 않는다.

아하! 기억났어.

불편한 점 주소를 편지 봉투에 따로 적는 것이 불편하다.
바꾼 것 편지 봉투에 구멍을 뚫어 부분을 다르게 바꾸었다.
좋아진 점 편지 봉투에 주소를 따로 적을 필요가 없다.

5
우리도 해봐요!

부분을 다르게 하기 미션 1 :: 탐색하기

부분을 다르게 하기

컵라면 뚜껑

이게 바로 **탐색 노트**예요.

불편한 점 컵라면 포장을 뜯기 어렵다.

바꾼 것 튀어나온 손잡이를 만들어 부분을 다르게 바꾸었다.

좋아진 점 컵라면을 쉽게 뜯을 수 있고 뚜껑이 열리지 않게 접어둘 수 있다.

토토와 리리가 찾은 내용들을 **탐색 노트**에 정리했어요. 이제 우리 친구들이 직접 해 볼까요?

다음 페이지로 GO, GO!

 ★ **탐색 노트** ★

 별도 먹을 수 있나?

음료의 빨대 구멍

탐색 노트를 <u>완성</u>해 보세요.

불편한 점 단단한 용기에는 빨대를 꽂기 힘들다.

바꾼 것

좋아진 점

과자 뜯는곳

과자 봉지에 있는 거네?

불편한 점 과자 봉지를 뜯으려면 큰 힘이 필요하다.

바꾼 것

좋아진 점

 150쪽

⭐ 탐색 노트 ⭐

 부분을 다르게 하기

찾은 대상의 이름을 적어 주세요.

 이제는 **혼자서 찾아볼 차례**예요. 부분을 다르게 하기가 적용된 대상을 찾아 정리해 보세요.

- 불편한 점
- 바꾼 것
- 좋아진 점

찾은 대상을 그림으로 그려 보세요.

 또 어떤 것들이 있을까?

- 불편한 점
- 바꾼 것
- 좋아진 점

주위을 잘 둘러봐. 너라면 할 수 있어~

부분을 다르게 하기 미션 2 :: 상상하기

자, 이번에는 발명의 비밀을 이용해서 **새로운 상상**을 해 볼 거에요.

동그라미 안에 생각나는 것들을 적어 볼까요?

〈 학교에 있는 것들 〉

학교에는 내 친구들도 살고 있지

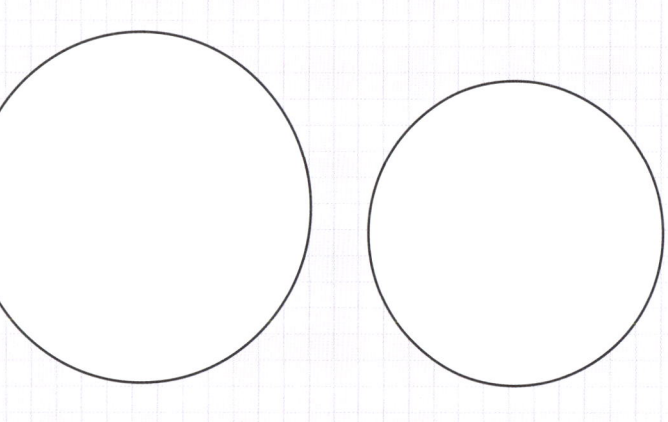

쓰레기통

이것들 중에 무엇을 바꿔 볼까?

부분을 다르게 하기

⭐ 상상 노트 ⭐   이름 : 토토

이번에는 쓰레기통을 바꿔야지~

바꿀 대상	발명의 비밀
쓰레기통	부분을 다르게 하기

자신만의 상상을 그림으로 표현합니다.

산레기가 꽉 찼네!

좋아진 점	친구들의 의견
쓰레기통이 얼마나 찼는지를 한눈에 볼 수 있다.	쓰레기통을 비워야 할 때를 바로 알 수 있네요.

❶ 친구들에게 소개한 후 의견을 받아 적으세요.

❷ 상상 그림을 공유해 보세요!

정말 멋진걸~

151쪽

 상상 노트

이름 : _____

앞에서 적은 것들 중에 무엇을 바꿔 볼래요?

바꿀 대상

발명의 비밀

자신만의 상상을 그림으로 표현합니다.

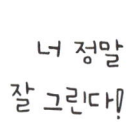

너 정말 잘 그린다!

좋아진 점

친구들의 의견

상상해 보자!

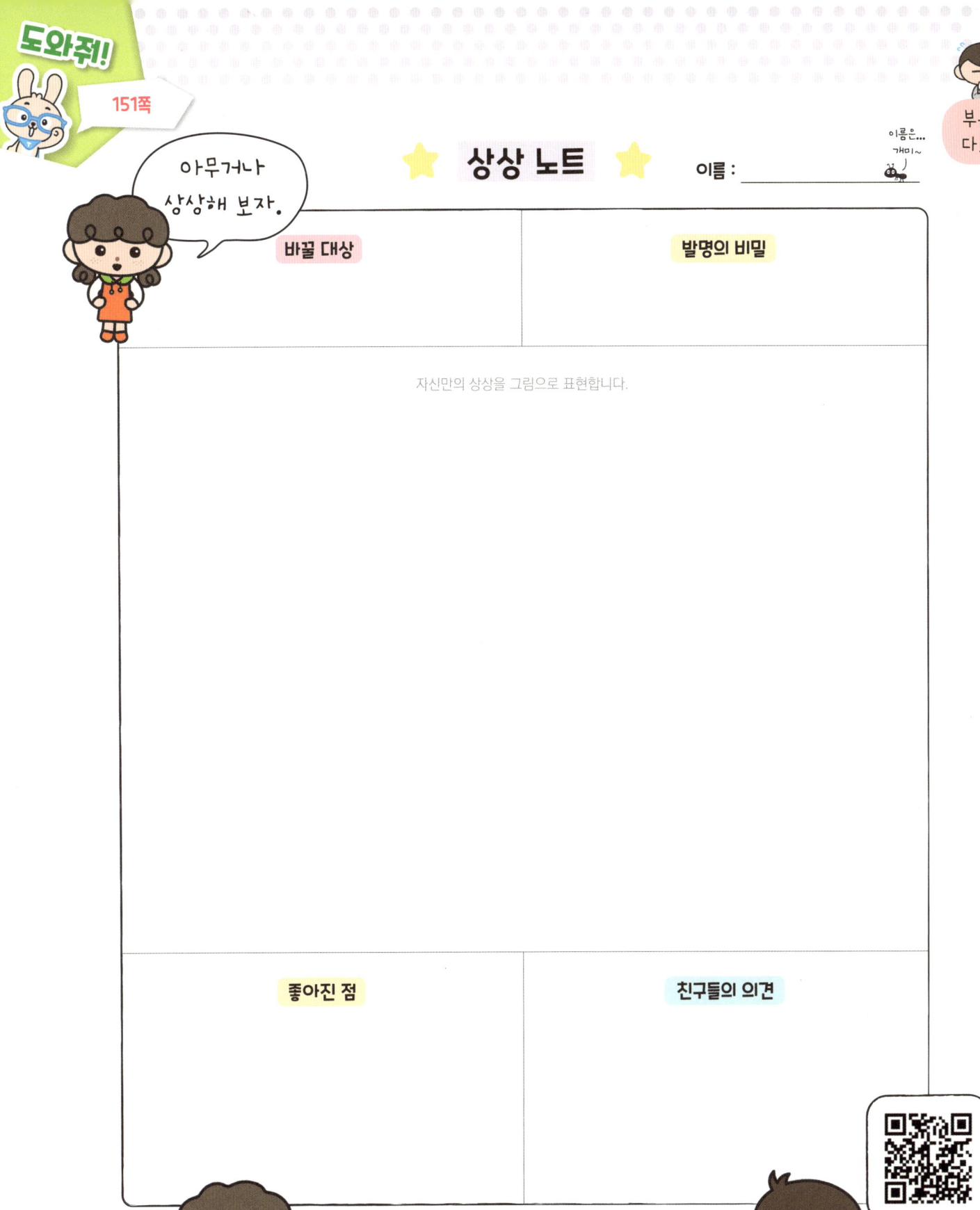

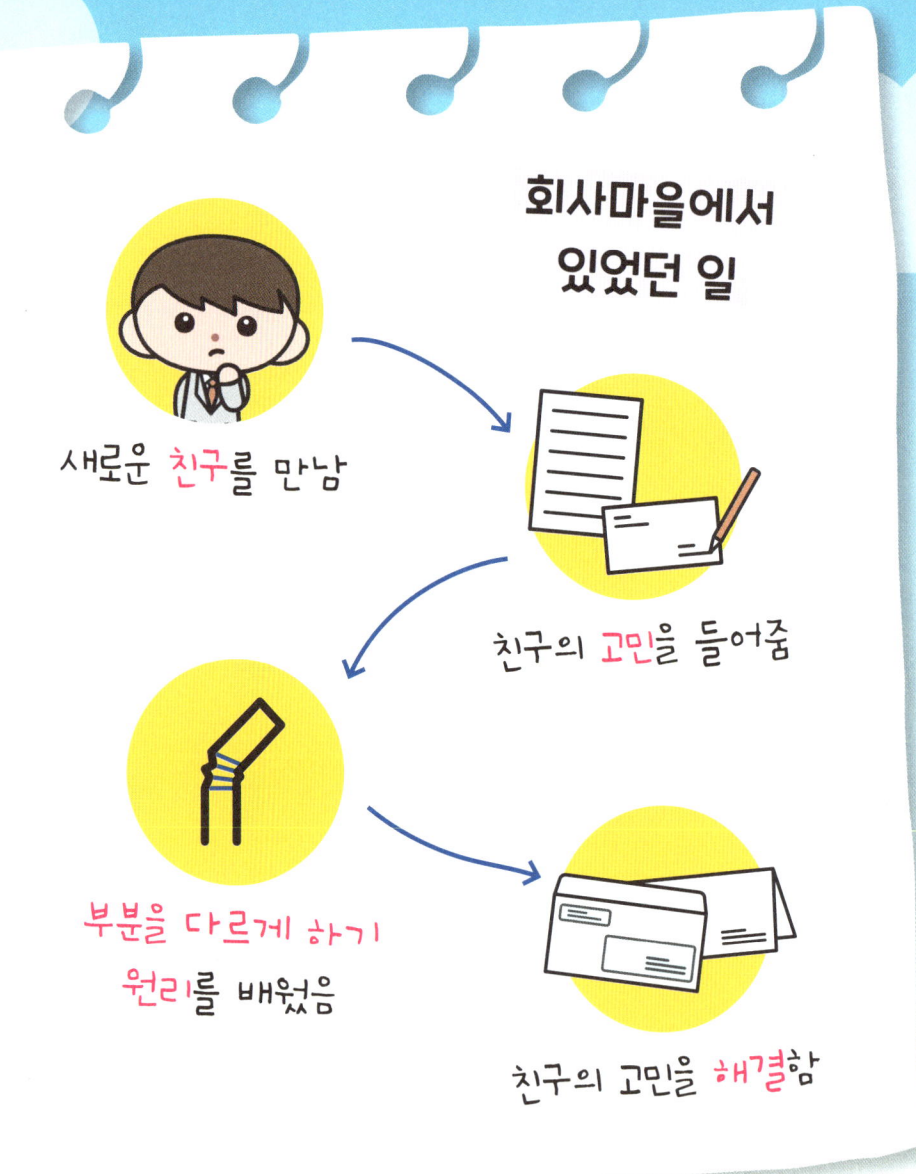

부분을 다르게 하기

편지 봉투에 주소를 따로 적기 힘들어하던 친구의 고민을
부분을 다르게 하기 원리로 멋지게 해결했어요.
다음 마을에서는 어떤 고민을 가진 친구를 만나게 될까요?

QR코드를 스캔하면
오늘 배운 내용을
복습할 수 있어요.

슈우우웅-

다음에 또 봐요~

잘 있어요!

안녕~

고마워요~

편지 쓸게요-

제 5 화

바람이 씽씽

발명의 비밀 : 비대칭 만들기

비오는 마을에는 매일 비가 내려요.
그리고 바람도 아주 거세답니다.
앗, 저기 한 친구가 뒤집어진 우산을 쓰고 있어요.
친구에게 무슨 일이 있는 걸까요?

쏴아아아-...

저번처럼 날아왔으면 비를 쫄딱 맞을 뻔 했어.

그러게 말이야. 토리즈가 우산을 준비해둬서 정말 다행이지 뭐야~

히히, 내 친구들을 비 맞게 할 순 없지!

아늑하다 아늑해~

비대칭 만들기

1
고민 있어요!

비대칭 만들기

비대칭 만들기

뺨!

이런 건 어때요?!

우산 날개 끝을 우산의 기둥에 단단하게 묶으면 우산이 뒤집어지지 않을 거에요.

꽈아악!

헉!

절대 안 뒤집어지겠다!

와, 엄청난 생각이네요-

이제 더 많은 상상을 할 수 있는 **발명의 비밀**을 알아볼까요? 그건 바로...

뭔데 뭔데?!

다음 페이지로 GO, GO!

2 이렇게 해봐요!

고민 해결을 도와줄 발명의 비밀은 '비대칭 만들기' 원리에요. 비대칭 만들기는 대칭을 깨뜨려 서로 다르게 만들어 보라는 지혜에요. 양쪽 귀의 대칭을 깨뜨려 한쪽 귀만 크게 만드니 커진 귀로 작은 소리도 잘 들을 수 있게 되었어요.

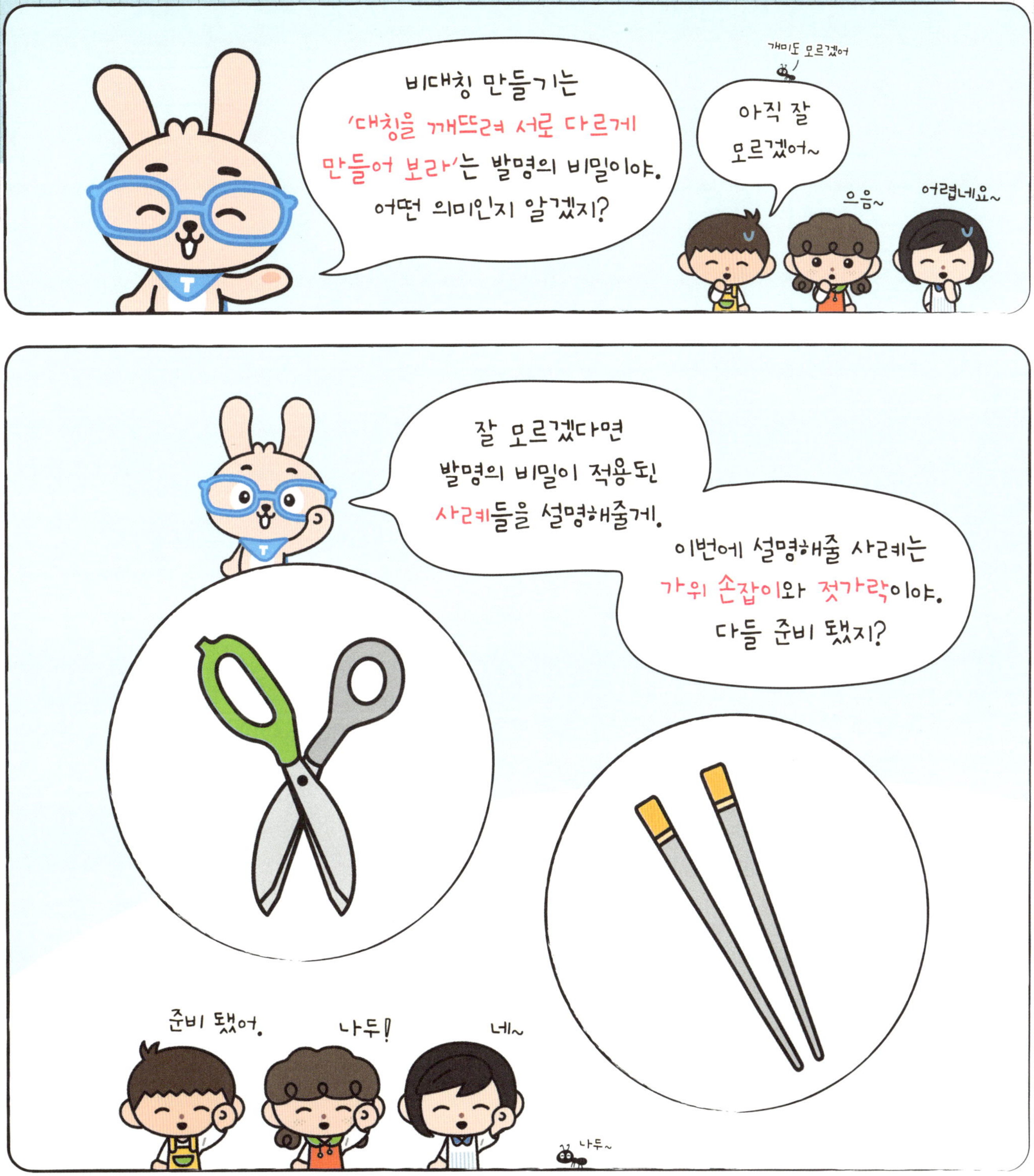

비대칭 만들기

비대칭 만들기는 '대칭을 깨뜨려 서로 다르게 만들어 보라'는 발명의 비밀이야. 어떤 의미인지 알겠지?

개미도 모르겠어

아직 잘 모르겠어~

으음~

어렵네요~

잘 모르겠다면 발명의 비밀이 적용된 사례들을 설명해줄게.

이번에 설명해줄 사례는 가위 손잡이와 젓가락이야. 다들 준비 됐지?

준비 됐어.

나두!

네~

나두~

117

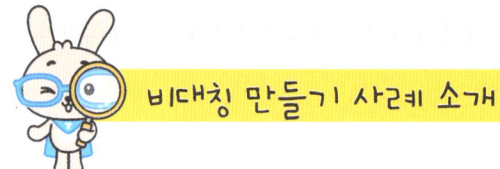

비대칭 만들기 사례 소개

대칭을 깨뜨린 가위 손잡이

비대칭 가위 손잡이는 양쪽의 크기가 달라요. 우리는 가위를 쥘 때 한쪽 손잡이에는 엄지손가락을 넣고 다른 쪽 손잡이에는 나머지 네 손가락을 모두 넣어요. 엄지손가락을 위아래로 움직이면 가위의 날이 함께 움직이면서 종이를 싹둑 자를 수 있어요.

만약 양쪽 손잡이의 크기가 같다면 어땠을 것 같나요? 양쪽 손잡이를 쥐는 손가락의 개수가 다르기 때문에 손가락이 손잡이 안에 딱 맞게 들어가지 않아요. 그래서 가위를 안정적으로 쥐기 어려워요.

이런 불편한 점을 바꾸기 위해서 <u>비대칭 가위는 가위 손잡이의 양쪽 크기를 다르게 만들어 대칭을 깨뜨렸어요.</u> 한쪽은 작게 만들고, 다른 한 쪽은 크기를 크게 만들었어요. 덕분에 손가락이 꼭 맞게 들어가서 가위를 안정적으로 쥐고 사용할 수 있어요.

비대칭 만들기

대칭을 깨뜨린 젓가락

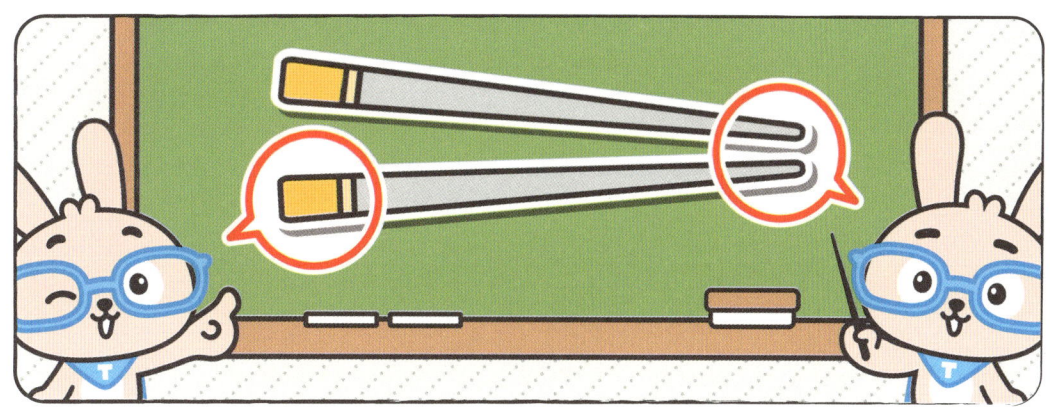

    젓가락은 양쪽 끝의 두께가 달라요. 우리는 젓가락을 사용할 때 두꺼운 쪽을 손으로 쥐고 가느다란 쪽으로는 반찬을 집어 먹어요.

    만약 젓가락의 양쪽 끝이 모두 두꺼웠다면 어땠을까요? 볼펜 두 개를 꺼내 젓가락질 해보세요. 다른 물건을 잘 잡기 어렵죠? 이렇게 끝이 두꺼우면 반찬을 집어 들기가 어려워요.

    <u>젓가락은 한쪽 끝을 가늘게 만들어 대칭을 깨뜨렸어요.</u> 젓가락의 가느다란 쪽을 이용하면 작은 콩이나 가는 면발도 잘 집어서 먹을 수 있어요.

잘 집을 수 있다구~

아항!

이제 알겠어.

119

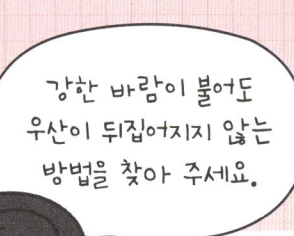

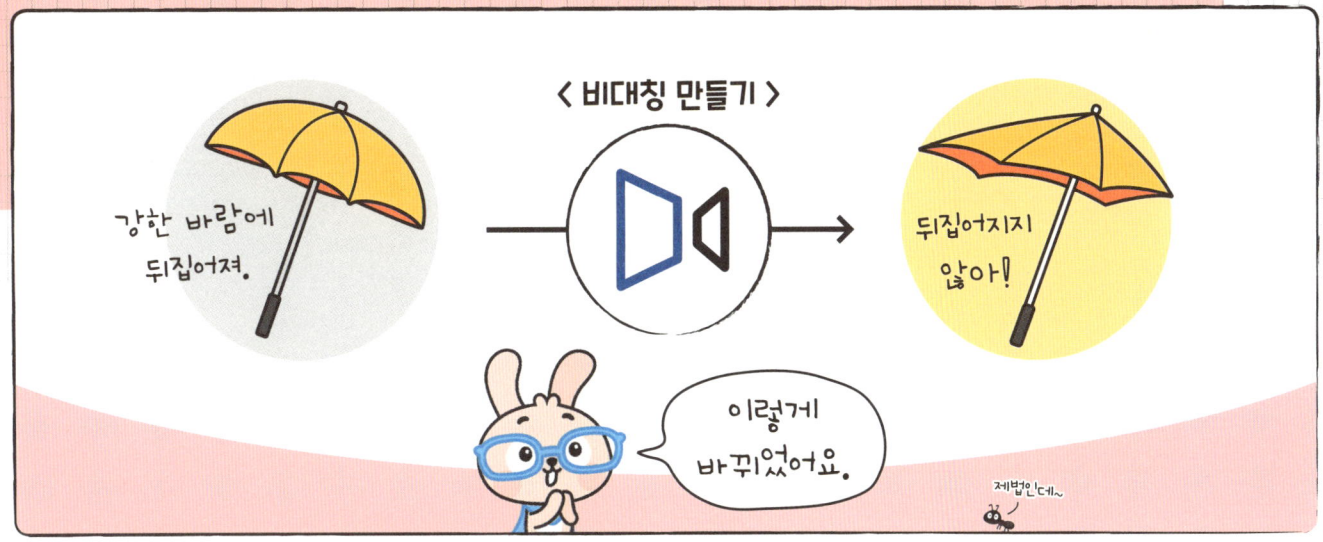

 고민 해결 정리

대칭을 깨뜨린 비대칭 우산

토토가 비대칭 만들기 원리를 이용해서 대칭을 깨뜨린 우산을 상상했어요. 한쪽을 짧게 만들면 강한 바람이 불어도 바람에 더 잘 견딜 수 있을 거에요.

비대칭 우산은 토토가 제안한 아이디어처럼 우산의 앞뒤 길이를 다르게 만들어 대칭을 깨뜨렸어요. 비대칭 우산이 발명되기 전에는 우산의 앞 뒤 길이가 똑같았어요. 바람이 강하게 부는 날에는 우산이 뒤집어지곤 해요.

이러한 고민을 해결하기 위해 탄생한 발명이 바로 비대칭 우산이에요. <u>비대칭 우산은 앞쪽의 길이를 짧게 만들어 앞에서 불어오는 바람의 공기저항을 줄였어요.</u> 그래서 강한 바람에도 뒤집어지지 않아요.

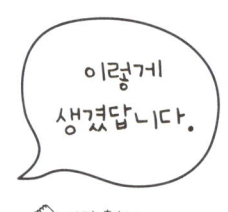 이렇게 생겼답니다.

사진 출처 : senz.com

 공기저항 : 그네를 타면서 앞으로 나아갈 때 얼굴에 시원한 바람이 불어와요. 이렇게 공기 속으로 움직일 때 공기가 밀어내는 힘을 바로 공기저항이라고 해요.

 짜잔~

발명 이야기

우산과 함께한 최악의 일주일

거윈 후겐둔(Gerwin Hoogendoorn)은 평범한 대학생이었어요. 유난히도 비가 많이 내리는 어느 날 그의 첫 번째 우산이 바람에 뒤집혀 망가져 버렸어요. 그로부터 일주일도 채 지나지 않아 두 번째 우산과 세 번째 우산도 강한 바람에 망가져 버렸어요. 거윈은 무척이나 기분이 나빴어요.

'강한 바람 때문에 우산이 세 개나 망가져 버렸어. 강한 바람에도 절대 망가지지 않는 우산을 만들어 보면 어떨까?'

거윈은 우산을 새롭게 바꾸어보고 싶었어요. 가장 먼저 그가 한 일은 우산을 만들어 판매하는 회사에 연락을 해 보는 것이었어요. 하지만 아무런 회사도 우산을 새롭게 바꾸는 일에는 관심을 가지지 않았어요.

그래도 거윈은 포기하지 않았어요. 그는 친구들을 설득해서 함께 우산을 새롭게 바꾸는 일에 도전했어요. 우산의 모양을 다양하게 바꾸어 그림으로 표현해 보기도 하고, 할머니께 재봉틀을 빌려 우산을 직접 만들어 보기도 했어요. 그렇게 만든 우산을 가지고 강한 바람에서 견딜 수 있는지 실험해 보는 일도 잊지 않았어요.

이러한 노력 끝에 강한 바람에도 견디는 우산이 탄생하게 되었어요. 앞은 길이가 짧고 뒤는 길이가 긴 비대칭 모양의 우산이었어요. 거윈과 친구들은 이 우산에 '센즈'라는 이름을 붙여 주었어요. 센즈 우산은 아주 강한 바람에도 뒤집어지거나 망가지지 않아요. 그래서 '태풍 우산'이라는 별명도 생겨났습니다.

4
맞춰 보세요!

부록의 스티커를 붙이면서  내용을 정리해 보아요!

대칭을 깨뜨려 서로 다르게  만들어 보라는 원리는 무엇일까요?

이 원리를 표현하는 토리즈를 붙여 보세요.

날 덮지 말아줘~

비대칭 만들기

아까 설명한 **비대칭 만들기** 원리의 사례들이야. 기억하고 있지?

사례 스티커를 붙여 보세요.

불편한 점 가위를 안정적으로 쥐기 어렵다.
바꾼 것 양쪽 손잡이의 크기를 다르게 만들어 대칭을 깨뜨렸다.
좋아진 점 가위를 안정적으로 쥐고 사용할 수 있다.

당연하지~

불편한 점 끝이 두꺼우면 반찬을 집어 들기가 어렵다.
바꾼 것 한쪽 끝을 가늘게 만들어 대칭을 깨뜨렸다.
좋아진 점 가느다란 쪽을 이용하면 반찬을 쉽게 집을 수 있다.

아하, 기억났어~

불편한 점 강한 바람에 우산이 계속 뒤집힌다.
바꾼 것 우산의 앞뒤 길이를 다르게 만들어 대칭을 깨뜨렸다.
좋아진 점 강한 바람에도 뒤집어지지 않는다.

5
우리도 해봐요!

비대칭 만들기 미션 1 :: 탐색하기

비대칭 만들기

세발 자전거

다리가 세 개 밖에 없다구?

이게 바로 **탐색 노트**에요.

불편한 점 두발 자전거는 균형을 잡지 못하는 아이들이 타기 어렵다.

바꾼 것 뒤에 바퀴를 하나 더 만들어 앞뒤 대칭을 깨뜨렸다.

좋아진 점 아이들도 쉽게 자전거를 탈 수 있다.

짠~~~!!!

사진 출처 : pixabay.com/images/id-841017

토토와 리리가 찾은 내용들을 **탐색 노트**에 정리했어요. 이제 우리 친구들이 직접 해 볼까요?

다음 페이지로 GO, GO!

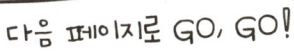

★ 탐색 노트 ★

탐색 노트를 완성해 보세요.

비대칭 옷걸이

불편한 점 옷걸이에 옷을 걸 때 목 부분이 늘어난다.

바꾼 것

좋아진 점

냉장고

음식을 보관할 수 있어.

불편한 점 냉동보다 냉장이 필요한 음식들이 더 많다.

바꾼 것

좋아진 점

비대칭 만들기

★ 탐색 노트 ★

찾은 대상의 이름을 적어 주세요.

이제는 혼자서 찾아볼 차례에요.
비대칭 만들기가 적용된 대상을 찾아 정리해 보세요.

불편한 점

바꾼 것

좋아진 점

찾은 대상을 그림으로 그려 보세요.

실력 좀 볼까?!

또 어떤 것들이 있을까?

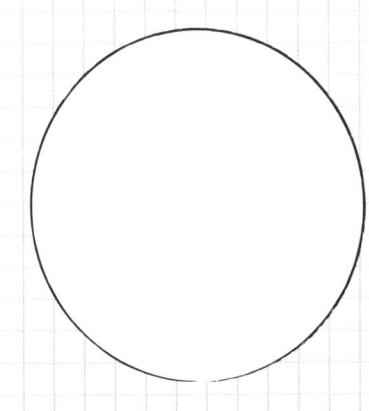

불편한 점

바꾼 것

좋아진 점

주위을 잘 둘러봐.   너라면 할 수 있어~

비대칭 만들기 미션 2 :: 상상하기

자, 이번에는 발명의 비밀을 이용해서 **새로운 상상**을 해 볼 거예요.

동그라미 안에 생각나는 것들을 적어 볼까요?

〈 내가 매일 사용하는 것들 〉

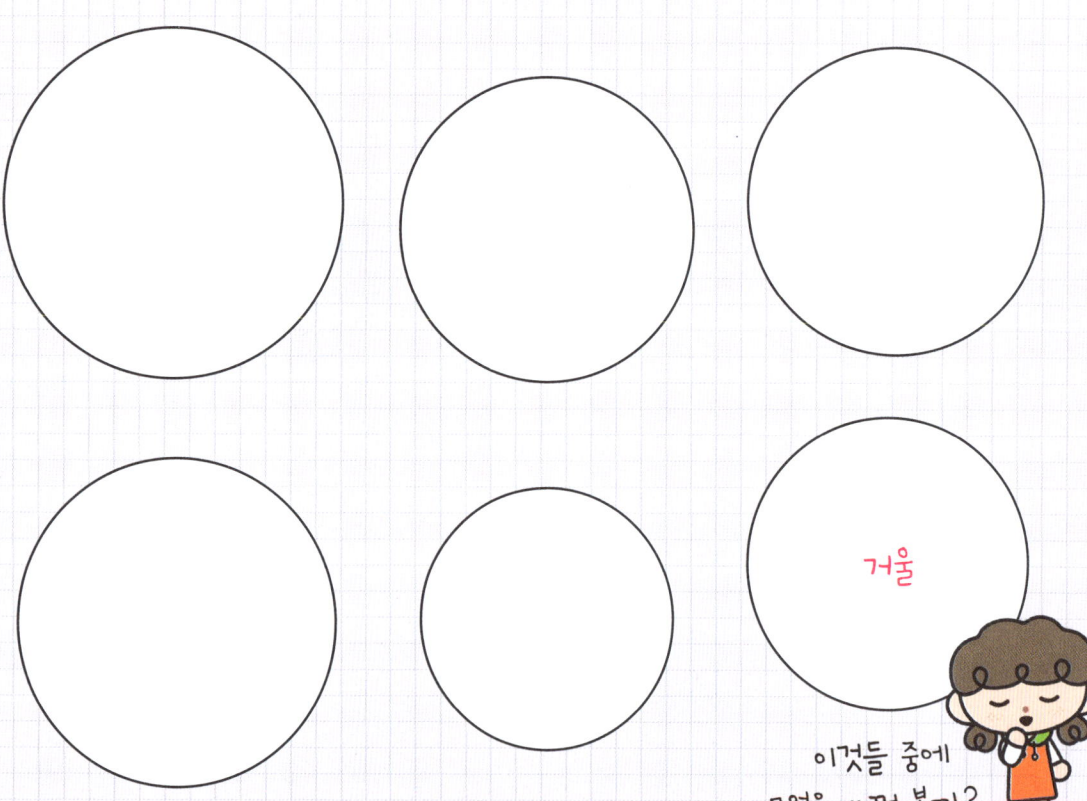

거울

이것들 중에 무엇을 바꿔 볼까?

153쪽

 상상 노트

이름 : ＿＿＿＿＿＿＿＿

앞에서 적은 것들 중에 무엇을 바꿔 볼래요?

바꿀 대상

발명의 비밀

자신만의 상상을 그림으로 표현합니다.

너 정말 잘 그린다!

좋아진 점

친구들의 의견

상상해 보자!

비대칭 만들기

⭐ 상상 노트 ⭐

이름 : _____

 바꿀 대상

 발명의 비밀

아무거나 상상해 보자.

자신만의 상상을 그림으로 표현합니다.

좋아진 점

친구들의 의견

기발한데?   QR코드로 공유해 볼까?

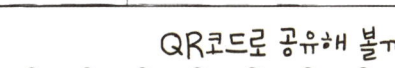

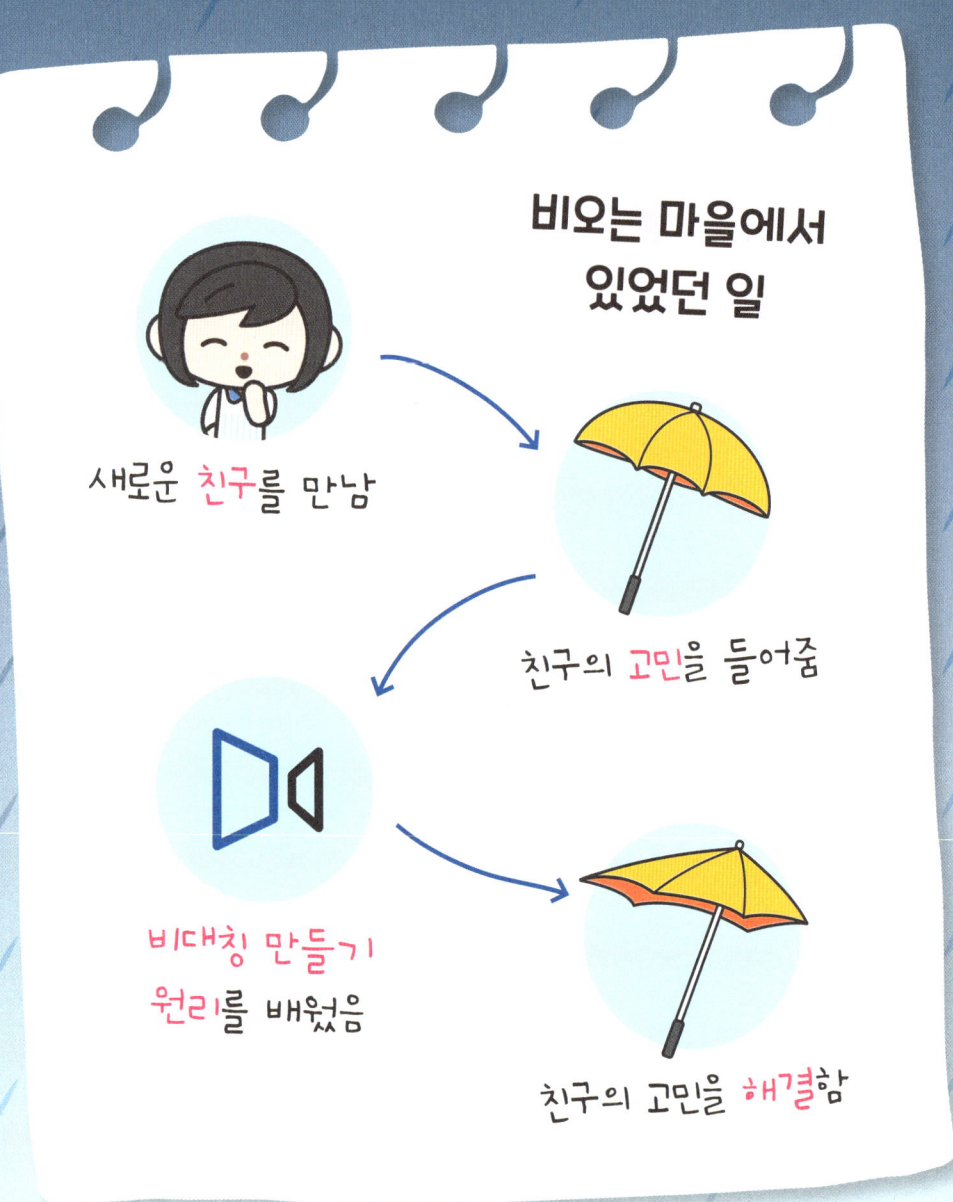

비대칭 만들기

바람이 너무 세게 불어서 힘들어 했던 친구의 고민을
비대칭 만들기 원리로 멋지게 해결했어요.
자, 다음 목적지는 어디일까요?

QR코드를 스캔하면
오늘 배운 내용을
복습할 수 있어요.

고마워요.

잘 있어요~

다음에도 놀러 와요~

다음에 또 봐요~

여행을 마치며

발명의 비밀이 가져온 변화

토리즈와 토토, 리리는 긴 여행을 마치고 어딘가에 도착했어요.

과연 여기는 어디일까요?

아하! 여긴 바로 토리즈의 고민상담소였네요.
모든 것이 신기한 토토와 리리는 주변을 두리번거렸어요.

토리즈가 다음 여행 계획을 짜는 동안
토토와 리리는 각자 휴식을 취하기로 했답니다. 그런데...

초콜릿을 먹던 토토에게 작은 변화가 생겼어요.

초콜릿을 쉽게 쪼개 먹을 수 있는 건 쪼개기 원리가 적용되었기 때문이야.

나도 한입만!

맛있는 초콜릿을 먹을 때도

방의 크기에 맞게 퍼즐매트를 깔 수 있는 건 쪼개기 원리 덕분이야.

칫솔 손잡이의 말랑말랑한 고무는 부분을 다르게 하기 원리야.

바닥에 앉아 놀고 있을 때도

발명의 비밀이 적용된 게 많네?!

양치를 할 때도 발명의 비밀이 자꾸만 떠올랐어요.

오렌지주스를 마시던 리리에게도 작은 변화가 생겼지요.

"과즙만 뽑아낸 오렌지주스는 뽑아내기 원리가 적용되었어."

"빨대를 구부릴 수 있는 건 부분을 다르게 하기 덕분이야."

오렌지주스를 마실 때에도

"손잡이 크기가 달라서 쉽게 쥘 수 있는 건 비대칭 만들기 덕분이야."

컵에 꽂혀 있는 주름 빨대을 사용할 때에도

"여기저기에 발명의 비밀이 숨어 있어!"

종이를 잘라 만들기를 할 때에도 발명의 비밀이 리리의 머릿속에서 떠나지 않았어요.

와, 발명의 비밀이 토토와 리리를 조금씩 변화시키고 있네요!

다시 발명여행을 떠난 토리즈와 친구들!
앞으로 어떤 새로운 일들이 펼쳐지게 될까요?

도와줄게!

도와줄게!

첫 번째 고민을 만나다
발명의 비밀 : 쪼개기

⭐ 탐색 노트 완성하기 44쪽

조각 케이크

사진 출처: pixabay.com/images/id-4111081

케이크는 너무 커서 다 먹기 힘들어요.
그래서 케이크를 작게 쪼갠
조각 케이크를 판매해요.
덕분에 먹고 싶은 만큼만
사먹을 수 있지요.

내가 다 먹을 수 있다니깐

방학 생활계획표

집에서 보내는 방학에는 규칙적인 생활을
하기 어려워. 그래서 **방학 생활계획표**로
하루를 쪼개어 할 일을 계획하지.
덕분에 방학을
규칙적으로 보낼 수 있어.

⭐ 탐색 노트 사례 찾기 45쪽

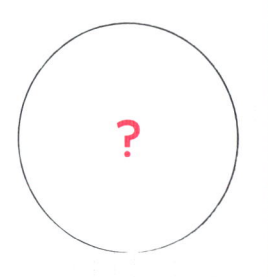
?

쪼개기 사례를 찾기 힘들다면
그릇을 반으로 쪼갠 **잠짜면**, 커튼을 여러 조각으로
쪼갠 **블라인드**는 어때?

⭐ 바꿀 대상 찾기 ········· 46쪽

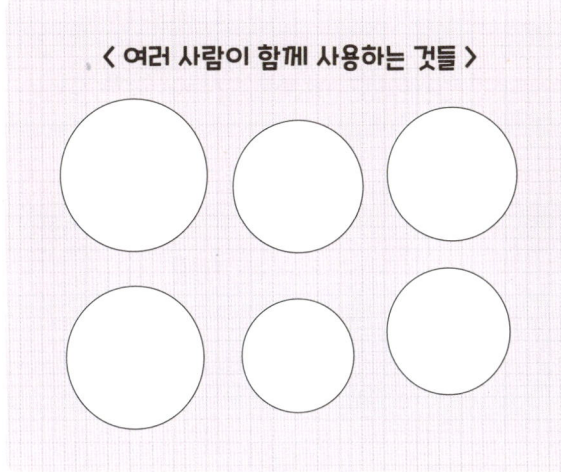

1. 다른 곳으로 이동할 때 타고 가는 교통 수단을 적어 보세요. 예) 비행기, ○○, ○○

2. 가족들이 함께 사용하는 물건들에는 무엇이 있나요? 예) 텔레비전, ○○, ○○

3. 공원에 있는 것들을 떠올려 보세요. 예) 벤치, ○○, ○○

⭐ 상상 노트 작성하기 ········· 48~49쪽

바꿀 대상	발명의 비밀
좋아진 점	친구들의 의견

쪼개기를 이용하면 필요한 만큼 붙였다 떼었다를 마음대로 할 수 있어요.

내가 사용하는 물건들을 더 좋게 바꾸어 보세요.

아하! 텔레비전을 여러 조각으로 쪼개면 필요한 만큼 붙여서 화면을 크게 만들 수 있어.

쪼개기가 적용된 텔레비전을 그림으로 그려 볼까?

도와줄게!

준비물이 너무 많아!
발명의 비밀 : 뽑아내기

⭐ **탐색 노트 완성하기** ·· **72쪽**

영양제

영양소를 골고루 섭취하는 일은 어려워요.
그래서 우리 몸에 꼭 필요한 영양소만을 뽑아낸
*영양제*를 만들었어요.

덕분에 간편하게 영양소를
골고루 섭취할 수 있답니다.

사진 출처 : pixabay.com/images/id-3024955

무선 이어폰

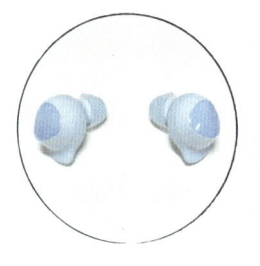

이어폰의 긴 줄이 자꾸 꼬이고 걸려서 불편해.
그래서 이어폰에서 꼭 필요한 귀에 꽂는 부분만을
뽑아 *무선 이어폰*을 만들었어.

덕분에 선이 걸리지 않아
이어폰을 편하게 사용할 수 있지~

⭐ **탐색 노트 사례 찾기** ·· **73쪽**

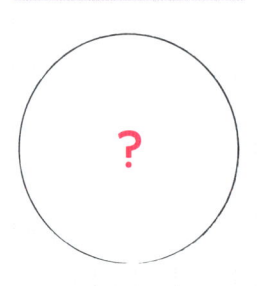

?

뽑아내기 사례를 찾기 힘들다면
여행갈 때 간편하게 챙겨갈 수 있는
여행용 세면도구 세트,
좋은 향기만 뽑아낸 *향수*는 어때?

⭐ 바꿀 대상 찾기　　　　　　　　　　　　　　　74쪽

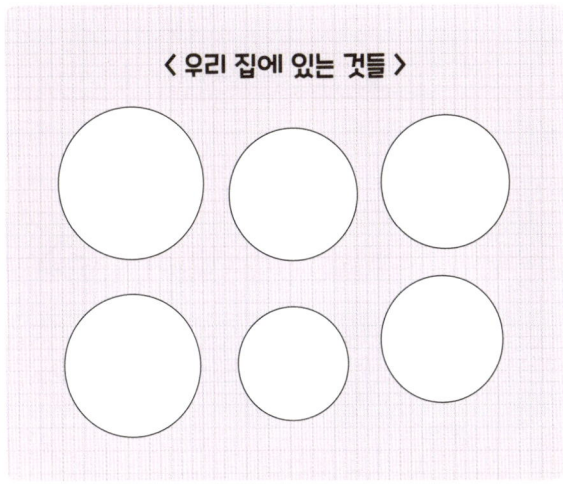

1. 부엌에 있는 것들을 적어 보세요.
   예) 냄비, 00, 00

2. 거실에 있는 것들을 적어 보세요.
   예) 책꽂이, 00, 00

3. 가족들이 아끼는 물건들을 적어 보세요.
   예) 신발, 00, 00

⭐ 상상 노트 작성하기　　　　　　　　　　　　76~77쪽

바꿀 대상	발명의 비밀
《창신함의 상상을 그림으로 표현합니다》	
좋아진 점	친구들의 의견

뽑아내기를 이용하면 꼭 필요한
것만을 사용할 수 있어요.

내가 사용하는 물건들을
더 좋게 바꾸어 보세요.

아하! 재미있는 책들만
뽑아내 주는 책꽂이가 있다면
책을 쉽게 고를 수 있어.

뽑아내기가 적용된 책꽂이를
그림으로 그려 볼까?

바쁘다 바빠!
발명의 비밀 : 부분을 다르게 하기

⭐ **탐색 노트 완성하기** ……………………………………… **100쪽**

음료의 빨대 구멍

단단한 용기에는 빨대를 꽂기 힘들어요.
그래서 일부분에 얇은 은박지로
빨대 구멍을 만들었어요.

덕분에 빨대를 쉽게
꽂을 수 있게 되었답니다.

과자 뜯는곳

과자 봉지를 뜯으려면 큰 힘이 필요해.
그래서 과자 봉지의 일부분을
살짝 잘라 놨어.

덕분에 적은 힘으로도
쉽게 뜯을 수 있어~

약한 개미도 뜯을 수 있어?

⭐ **탐색 노트 사례 찾기** ……………………………………… **101쪽**

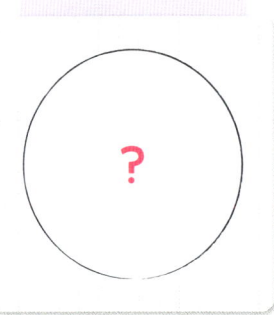

부분을 다르게 하기 사례를 찾기 힘들다면
버스만 달릴 수 있도록 부분을 다르게 바꾼
버스 전용 차선, 미끄러지지 않게 일부분만
고무로 만든 볼펜 손잡이는 어때?

150

⭐ 바꿀 대상 찾기 ········ 102쪽

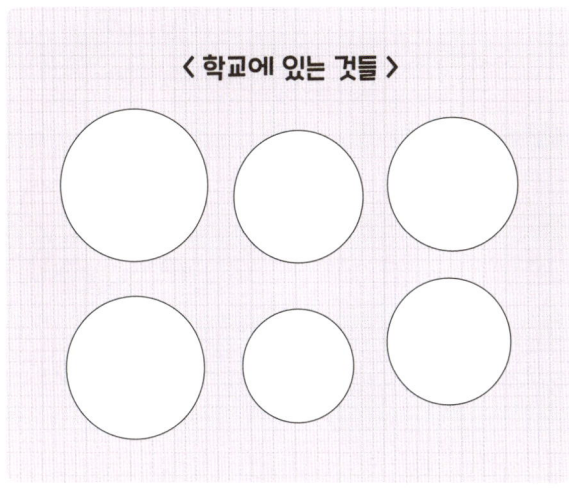

1. 우리 교실에 있는 것들을 떠올려 보세요.
   예) 사물함, ○○, ○○

2. 급식실에 있는 것들을 적어 보세요.
   예) 식판, ○○, ○○

3. 운동장에는 무엇이 있나요?
   예) 축구 골대, ○○, ○○

⭐ 상상 노트 작성하기 ········ 104~105쪽

바꿀 대상	발명의 비밀
좋아진 점	친구들의 의견

부분을 다르게 하기를 이용하면 달라진 부분에 새로운 기능을 더할 수 있어요.

내가 사용하는 물건들을 더 좋게 바꾸어 보세요.

아하! 축구 골대의 일부분에 축구공을 넣어둘 수 있는 부분을 만들면 언제든지 꺼내서 놀 수 있어.

부분을 다르게 하기가 적용된 축구 골대를 그림으로 그려 볼까?

바람이 씽씽
발명의 비밀 : 비대칭 만들기

⭐ **탐색 노트 완성하기** ·· **128쪽**

비대칭 옷걸이

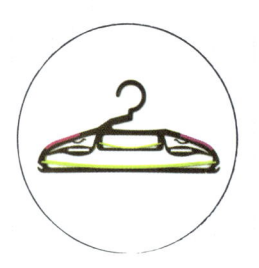

옷걸이에 옷을 걸 때 목 부분이 늘어나요.
그래서 한 쪽에 홈을 만든 비대칭 옷걸이를
만들었어요.

덕분에 목 부분이 늘어나지 않고
편리하게 걸 수 있어요.

냉장고

냉동보다 냉장이 필요한 음식들이
더 많아. 그래서 냉장실의 크기를 냉동실보다
더 크게 만들었어.

덕분에 냉장실에 더 많은 음식을
보관할 수 있어~

⭐ **탐색 노트 사례 찾기** ·· **129쪽**

비대칭 만들기 사례를 찾기 힘들다면
위쪽과 아래쪽 모양의 대칭을 깨뜨린 비대칭 베개,
짝짝이로 만들어 대칭을 깨뜨린
짝짝이 양말은 어때?

⭐ 바꿀 대상 찾기 ··· 130쪽

<내가 매일 사용하는 것들>

1. 학교에서 매일 사용하는 물건은 무엇이 있나요? 예) 필통, ○○, ○○

2. 외출할 때 사용하는 것들은 무엇인가요? 예) 신발, ○○, ○○

3. 잠자리에 들 때 사용하는 물건을 적어 보세요. 예) 이불, ○○, ○○

⭐ 상상 노트 작성하기 ·· 132~133쪽

바꿀 대상	발명의 비밀
좋아진 점	친구들의 의견

비대칭 만들기를 이용하면 양쪽을 각각 다르게 사용할 수 있어요.

내가 사용하는 물건들을 더 좋게 바꾸어 보세요.

아하! 이불의 한쪽은 두껍게, 다른 쪽은 얇게 만들면 원하는 쪽으로 덮을 수 있어.

비대칭 만들기가 적용된 이불을 그림으로 그려 볼까?

153

친구들의 고민 모집 중

1

이름: 박성준
고민: 저희집엔 컴퓨터가 하나예요. 그런데 누나가 매일 써서 저는 컴퓨터를 쓸 수가 없어요. 어떻게 하면 저도 쓸 수 있을까요?

이름: 이지혜
고민: 저는 당근을 싫어하는데 엄마가 자꾸 당근 넣은 볶음밥을 해줘요. 어떻게 하면 당근을 안먹을수 있죠?

친구의 이름과 고민을 적은 종이를 사진으로 찍어 주세요.

2

QR코드

QR코드를 스캔하여 고민을 보내 주세요.
토리즈가 고민을 해결해 줄 거에요.

좋은 고민을 뽑아 다음 권에 실어 줄게요.

고민을 기다릴게요.

부록 스티커 1 ········· 고민 해결!

쪼개기   뽑아내기   부분을 다르게 하기   비대칭 만들기

········· 맞춰 보세요!

부록 스티커 2 ---- 맞춰 보세요!

  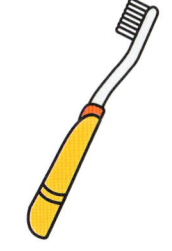 

---- 새로 사귄 친구들!

부록 스티커 3 ---- 칭찬 스티커

부록 스티커 4 ········· 자유 스티커